산촌유학
山村留學

산촌 유학
山村留學

고쿠분 히로코 | 손성애

산촌 유학

지은이 | 고쿠분 히로코
옮긴이 | 손성애
펴낸이 | 이명희
펴낸곳 | 도서출판 이후
편집 | 김은주
편집 도움 | 박경화
표지 · 본문 디자인 | Studio Bemine

첫 번째 찍은 날 | 2008년 7월 4일

등록 | 1998. 2. 18(제13-828호)
주소 | 121-836 서울시 마포구 동교동 165-8 엘지팰리스 827호
전화 | 대표 02-3141-9640 편집 02-3141-9643 팩스 02-3141-9641
홈페이지 | www.e-who.co.kr
ISBN 978—89-6157-013-8 03370

이 도서의 국립중앙도서관 출판시도서목록(CIP)은 e-CIP 홈페이지
(http://www.ni.go.kr/cip.php)에서 이용하실 수 있습니다.
(CIP 제어번호: CIP 2008001957)

■ 사진 저작권

17쪽, 27쪽, 30쪽, 32쪽, 38쪽, 52쪽, 56쪽, 62쪽 왼쪽, 72쪽, 83쪽, 86쪽, 92쪽, 115쪽 왼쪽, 121
쪽, 130쪽, 136쪽, 156쪽 왼쪽, 156쪽 오른쪽 아래, 159쪽, 166쪽, 177쪽, 186쪽, 203쪽, 206쪽,
210쪽, 223쪽, 235쪽, 238쪽 ⓒ 고산산촌유학센터
14쪽, 21쪽, 36쪽 왼쪽, 40쪽, 46쪽, 49쪽, 60쪽, 65쪽, 66쪽, 77쪽, 99쪽, 102쪽, 110쪽, 115쪽
오른쪽, 156쪽 오른쪽 위, 162쪽, 174쪽, 179쪽, 229쪽, 243쪽 ⓒ 박경화
36쪽 오른쪽, 133쪽, 146쪽, 191쪽 ⓒ 조회은
43쪽, 81쪽, 198쪽, 216쪽 ⓒ 김일복
25쪽, 69쪽 ⓒ 장태엽
62쪽 오른쪽 ⓒ 윤지선
195쪽 ⓒ 김은주

"산촌 유학을 한 아이는 자기가 생각하고 자기가 결정한다."

―산촌 유학 창시자 아오키 선생―

산촌 유학이란

'산촌 유학'은 부모 곁을 떠나 일 년 이상 풍부한 자연으로 둘러싸인 농어촌과 산촌에서 단체 생활을 체험해 보는 초·중학생들을 위한 자연 학습 제도다. 마을 어른들과 아이들, 나이가 다른 산촌 유학생들이 함께 생활하면서 "몸과 마음을 건강하게 자라게 하는" 교육 실천 활동이다.

산촌 유학은 '프리스쿨'처럼 자신의 의지로 학교에 가는 것을 거부하는 아이들을 위한 교육도 아니며, 특별한 아이들을 위한 교육 시설도 아니다. 그렇다고 자연 속에서 힘겹게 생활해야 하는 스파르타식 교육도 아니다.

산촌 유학생들은 마을로 주민등록을 옮기고 한 달 중 2, 3주를 농가에 머물고 나머지는 유학 센터(기숙사)에서 단체 생활을 하면서 마을에 있는 학교에 다닌다.

학교에 가려면 험한 산길을 4킬로미터에서 7킬로미터쯤 걸어야 하는데, 농가에서는 수양부모를 "엄마, 아빠"라 부르며 여러 명의 유학생이 일 년 동안 형제자매가 되어 함께 먹고 함께 잔다. 스스로의 힘으로 벼농사를 짓고 야채를 키우고 겨울에는 끊임없이 내리는 눈을 견디며 자연 속에서 여러 가지 활동을 하면서 보낸다.

산촌 유학은 문부과학성 산하의 재단법인 '소다테루카이(育會, 아이들을 키우는 모임)'가 1976년 일본에서는 처음으로 나가노현長野縣의 야사카 마을八坂村에서 법제화시켰다. 처음에는 봄방학과 여름방학, 그리고 겨울방학을 이용한 자연 체험 활동이 중심이었지만 참가자들 가운데 "일 년 동안 산촌에서 살고 싶다"고 이야기하는 아이들이 많아서, 일 년 단위로 산촌 유학을 시작하게 되었다. 그 후, 인구 감소로 고민하던 지방 자치 단체를 중심으로 전국으로 확산되었고 지금은 형식이 다른 전국 90여 개 시정촌(市町村, 우리의 시, 도, 면에 해당한다. 옮긴이)에서 실시되고 있다.

'소다테루카이'의 산촌 유학은 2005년에 30주년을 맞이했다.

차례

1장 출발, 도시 속에서

2장 봄, 아이들이 움직인다!

5장 겨울, 추워도 즐겁다

6장 부모들의 산촌 유학

7장 이제, 그만 집으로 돌아와 줘!

8장 산촌 유학생들의 20년 후

9장 진화하는 산촌 유학

부록

산촌 유학 이야기를 시작하는 까닭

도쿄도東京都 타이토구台東區에 있는 사찰 마을, 야나카谷中는 20년 가까이 살고 있는 곳이지만 이제는 젊은이들이 모이는 거리로 변했다. 그중 아나키由緒에는 유서 깊은 사원이 늘어선 거리와 복잡하게 얽힌 골목길이 있는데, 이곳에 있는 오래된 목조건물로 만들어진 민가를 젊은 사람들이 개성 넘치는 가게로 만든 덕분에 산책 나온 사람들을 즐겁게 해 주고 있다.

5월 초의 어느 주말 저녁, 나는 친구네 집 정원에서 따 온 머위를 안고 야나카 거리를 걷고 있었다. 산켄마라는 세 칸짜리 목조가옥의 들창이 열리고 낡은 서랍장과 괘종시계가 걸려 있는 방안과 올라앉게 되어 있는 작은 방에서 젊은이들이 담소하는 모습이 보였다. 이 가게는 토요일과 일요일에만 문을 여는데, 동경예대 미대를 나왔다는 젊은 아가씨들이 손수 만든 야채 요리와 술을 팔았다.

친구네 집에서 따 온 머위는 그녀들에게 대환영을 받으며 다음날 점심 때 쓰기로 했다. 그녀들이 권하는 대로 오래된 밥상 앞에 앉으니 옛 생각이 절로 났다. 고맙다며 그녀들이 내온 것은 '시라기'였는데, 도치기현栃木縣의 나스邦須에서 보내 준 것이라고 했다.

시라기 싹이라는 이름은 나도 처음 듣는 것으로, 먹어 보니 신슈信州의 야사카 마을에서 산촌 유학을 하던 아들이 따 준 받침꽃나무(학명은 Acanthopanax sciadophylloides)였다.

뜻하지 않게 너무나도 그리운 맛을 오랜만에 대하고 보니 나도 모르게 옆자리에 앉은 젊은 손님들에게 산촌 유학 이야기를 꺼내고 말

왔다. 20년도 전에 부모 곁을 떠나 신슈의 산골 마을에서 3년 동안 생활한 아들 이야기를 두 사람은 눈을 반짝이며 들어주었다. 그리고 몇 번이고 고개를 끄덕이며 이렇게 말했다.

"우리가 어떻게 해야 될지 이제 결정했어!"

그런 제도가 있다는 걸 미처 몰랐다……, 우리 아이들도 산촌 유학을 보내고 싶은데 더 자세한 것을 알고 싶고, 그 전에 자신들이 직접 가서 마을 생활을 체험해 보고 싶다는 것이었다.

이야기를 들어 보니 그 젊은 손님들은 지어진 지 85년이나 된 오랜된 민가에 살면서 어떻게든 집을 보존하고자 노력하고 있었으며 둘 사이에 아직 아이는 없었다. 두 사람은 "빨리 아이를 낳자"며, 눈과 눈으로 이야기를 나누고 있었다.

시대가 시대이니만큼 산촌 유학에 대해 더 상세하게 알아야 된다. 그때 나눈 이야기를 이제 다른 사람들에게도 전해 주어야 할 때가 지금인지도 모르겠다는 생각이 들었다. 아이를 산촌 유학에 보낸 사람으로서, 산촌 유학을 갔던 아이들이 그 뒤로 어떻게 살고 있는지, 또 산촌 유학의 진정한 가치와 현실은 과연 어떤지도 함께 말이다.

그래. 초등학생이 되면 산촌 유학을 보내는 거다.

비록 일 년 동안 도모의 이 예쁜 얼굴을 못 보더라도

산과 산이 이어지는 아름다운 풍경을 바라보며 살아가는 삶을 선물하는 거야.

출발, 도시 속에서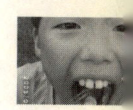

산촌 유학을 만나다

살벌한 도쿄에 살면서 마음에 한줄기 빛이 되어 주는, 작지만 아주 좋은
이야기를 들었다. 그것은 나가노현의 야사카 마을에 도시 아이들이 이사
와 풍부한 자연 속에서 생활하며 살고 있다는 산촌 유학생들의 이야기였
다. 태어나서 처음 들어 본 '산촌 유학', 그리고 야사카 마을 역시 태어나
처음 들어 본 지명이었다.

친구 집에서 이렇게 시작되는 잡지 기사를 읽은 것은 외동아들 도
모智가 세 살 때였다. 단숨에 기사를 읽어 내린 나는 흥분해서 이렇게
외쳤다.
"야호! 드디어 찾았다. 도모를 여기로 보내는 거야!"
흥분한 내 모습을 보고, 또래아이를 둔 친구도 글을 읽더니 말했다.
"꼭 일 년씩이나 보낼 필요 없잖아? 애들이 좀 더 크면 여름방학 때
친척집에서 하는 목장에 같이 보내자."
아니, 안 돼. 적어도 일 년은 시골에 살면서 자연에서 사계절을 보
내야 돼.
눈앞에는 벌써 내가 다섯 살 때부터 일 년 반 동안 지냈던 산골 풍
경이 펼쳐졌다. 띠로 엮어진 농가며 10미터는 됨직한 삼나무, 마구간,
밤에는 너무 컴컴해서 무서웠던 목욕탕과 변소, 엄마랑 억지로 떨어

진 나는 며칠을 밤낮없이 울어댔다. 마실 물은 우물에서 바가지로 길어 날라야 하고, 빗물을 모아 목욕물을 덥혀야 하는 생활은 도시에서 자란 나로서는 견디기 힘들었다. 그래도 지금의 내가 있기까지 내 일과 내 삶의 원천은 그때의 산골 생활 경험에서 비롯되었다는 생각이 든다.

노란 봄꽃들, 으름덩굴, 뽕나무열매와 산딸기, 산수유, 그리고 고비나물의 솜털을 모아 만든 공, 탈곡이 끝난 후 볏짚을 집 삼아 하던 소꿉놀이, 미끄러운 언덕길을 울면서 기어오르던, 꽁꽁 얼어붙은 겨울을 지금도 나는 잊을 수가 없다. 할 수만 있다면 내 아이는 자연 속에서 키우고 싶었다. 산과 들을 마음껏 뛰어놀며 자연의 경이로움과 험난함을 실컷 배우게 하고 싶었다.

7년 전 아는 사람 하나 없는 시골에서 혼자 아기를 낳았다. 지금 생각하면 무모하기만 했던 내 행동도 이런 자연에 대한 마음 때문이 아니었던가.

그래. 초등학생이 되면 산촌 유학을 보내는 거다. 비록 일 년 동안 도모의 이 예쁜 얼굴을 못 보더라도 산과 산이 이어지는 아름다운 풍경을 바라보며 살아가는 삶을 선물하는 거야. 그것이 치치부秋父의 시골에서 고민에 고민을 거듭하던 끝에 도시 생활을 선택한 나의 새로운 결심이었다.

낯선 시골에서 혼자 도모를 낳던 날

1975년, 나는 첫 아이를 품에 안고 사이다마현埼玉縣의 치치부에 있는 작은 아파트로 이사했다. 농가의 정원 앞에 지어진 방 두 칸짜리 작은 빌라에서 그동안 생업으로 하던 카피라이터를 그만두고 엄마랑 아이, 이렇게 모자 둘이서 꿀맛 같은 나날을 보내고 있었다. 아기아빠는 경제 사정도 여의치 않았고 같이 살기 힘든 상황이었기에 모든 결정을 혼자 해야만 했다. 그래서 결혼 이야기도 양육비 이야기도 꺼낼 수 없었다.

메이지 시대(明治時代, 1867~1912)에 태어난 아버지와 학자로서 반듯한 가정을 꾸리고 있는 형제들에게 폐를 끼치고 싶지 않았고, 또 남산만 한 배를 하고 일하고 싶지도 않았다. 그래서 출산은 아무도 모르는 곳에서 조용히 하려고 마음먹었다.

뱃속에서 생명의 움직임이 시작된 어느 날, 나는 대학 시절 꼭 하루 묵었던 적이 있는 치치부의 시골 마을을 찾았다. 전화번호부를 뒤져 찾아낸 부동산을 통해 물어물어 시골 마을에서는 보기 드문 임대 아파트를 찾을 수 있었다. 그리고 그해가 끝나갈 무렵 가족들에게는 아무 말도 하지 않고 치치부에서 살기 시작했다.

출산은 혼자서 조용하게 끝내지 못했다. 도쿄에 있는 친구들과 후쿠시마福島에 있는 언니가 달려와 주었고, 주인집 가족들과 아파트를

우리 아이가 이 아름다운 곳에서 자란다면 얼마나 행복할까? 도시에 사는 동안 내내 이대로 정말 좋은 걸까? 도쿄 중심에서 벗어나 산과 강이 있는 교외로 이사해서 아이가 좀 더 마음껏 뛰어놀 수 있는 공간을 만들어 주는 것이 좋지 않을까? 고민했다.

소개해 준 부동산집 부부가 입원부터 퇴원까지 돌봐 주었다.

5월 3일, 3일간의 지루한 진통 끝에 평화를 되찾은 뒤 병실 창문을 통해 보이던 아름다운 신록을 지금도 잊을 수가 없다. 해외여행 경비로 모아 둔 돈과 이곳에 오기 전 몇 달 동안 악착같이 일해서 모은 월급, 그리고 한 달에 한 번 우편으로 오는 일감을 통해 경제 사정은 나름대로 안정되어 있었다. 나는 마음 편하게 육아에만 전념할 수 있었다. 창문으로는 부코잔武甲山의 편안한 능선이 내다 보였고, 가까운 곳에는 신도들의 순례가 끊이지 않는 작은 절들도 있어서 유모차를 밀고 마음껏 산책을 하며 지낼 수 있었다. 그리고 일 년, 도쿄에서 오는 일감이 밀리면서 나는 고민에 빠지고 말았다. 지금 도쿄로 가면 스모그로 오염된 공기와 콘크리트, 일에 쫓겨 아이를 다른 사람에게 맡겨야 하는 생활이 기다리고 있었다. 아이를 위해서 공기 좋은 지방으로 내려가 새 직장을 얻어 둘이 조용하게 사는 게 좋은 건 아닐지 고민되었다. 하지만 결국에는 늘 하던 일을 선택할 수밖에 없었다. 바로 도쿄로 돌아와 예전 일로 복귀하고 내가 조금만 더 분발한다면 수입은 탄탄할 것이다. 집에서 아이를 돌보면서 일도 할 수 있고 사정 이야기를 하면 아이를 데리고 회의에 참석할 수도 있지 않을까?

친구에게 무심코 사는 이야기를 하다가 살 곳이 정해져 버렸다. 그곳은 록본기六本木 역에서 걸어서 7, 8분 걸리는 도심 한가운데였다. 자연의 풍요로움이 있는 생활을 어떻게 하면 아이에게 줄 수 있을지 걱정이 밀려왔다.

도시 한가운데에서 자라는 아이

내가 살던 아자부다이麻布台의 아파트는 도심에서는 보기 드물게, 수령이 오래된 나무와 사계절의 꽃을 볼 수 있는 장소였다. 머리 위로 고속도로가 달리는 간선도로 교차점에서 지하도를 타고 그대로 나오면 신기한 풍경이 펼쳐진다. 작은 골목길 안에 있는 4동의 오래된 양옥집, 소화시대(昭和時代, 1926~1989)에 처음 지어졌다는 이 건물은 이른바 고풍스러운 분위기 때문에 '스페인 마을'이라 부르고 있었다. 우리 집은 그 가운데 제일 안쪽에 있는 2층이었는데, 방은 좁지만 현관에 이르는 길목에 흙이 있고 상록수가 늘어서 있고 아름다운 꽃이 피는 곳이었다.

여기서 어린이집과 회사를 오가면서 아이가 잠들고 나면 일을 하는 분주한 생활이 시작되었다. 그래도 시간이 허락되면 밖으로 데리고 나가 아장아장 걸어 다니는 아이를 쫓아다니며 말을 걸었다.

"어머나, 꽃이 피었네.""새싹 나온 것 좀 봐.""새가 날아왔구나."

부모가 애써 알려 주지 않으면 사계절의 변화 같은 건 그대로 지나치게 되는 것이 도시 생활이다. 아들은 비교적 자립심이 강한 아이라서 어릴 때부터 혼자 공원으로 잘 놀러 다녔다. 그러던 어느날 이 작은 골목까지 자동차들이 밀고 들어왔다. 자전거를 타게 되면서부터는 아이가 돌아올 때까지 가슴 졸이며 지내야 되는데다가, 어린이집에서 지내는 날에도 아이들이 민들레광장이라고 부르는 공터가 없어지고부터는 운동 부족으로 가뜩이나 힘이 넘치는 도모를 감당하기가 힘들어졌다.

이대로 정말 좋은 걸까? 도쿄 중심에서 벗어나 산과 강이 있는 교외로 이사해서 아이가 좀 더 마음껏 뛰어놀 수 있는 공간을 만들어 주는 것이 좋지 않을까? 하지만 도심에 살기 때문에 회사와 어린이집을 단시간에 왕복하면서, 카피라이터라는 시간에 쫓기는 일을 계속할 수밖에 없다는 점 또한 고려해야 했다. 문득 2년 전에 읽은 산촌 유학 기사가 머리에 떠오르고 계속 머릿속을 맴돌았다. 이제 슬슬 구체적으로 생각할 때가 된 것이다.

어린이집을 마칠 때가 가까워지면서 산촌 유학 본부가 있었던 것으로 기억되는 무사시노시武藏野市에 문의해서 산촌 유학을 주관하는 '소다테루카이'를 찾아 산촌 유학 안내서를 받았다. 그리고 유학 준비 단계로 초등학교에 입학하기 전 봄방학 행사에 참가시켰다.(이 모임에서는 일 년 이상 장기 유학 외에 봄·여름·겨울방학 때 유아부터 참가할 수 있는 다양한 행사를 단기 유학 형태로 진행하고 있다.)

도모의 산촌 유학은 2학년 때부터 보내기로 결정했다. 1학년 때는 부모자식 모두에게 힘든 시기인데다가 안심하고 돌아올 수 있는 장소를 만들어 두기 위해서라도 집 근처 초등학교에서 1학년을 경험시킬 필요가 있다고 생각했다.

도모는 5일간의 '유아·초등 저학년 스키반'에 참가했다가 머위를

시간이 흐를수록 산촌 유학에 대한 생각이 머릿속을 꽉 채우기 시작했다. 아이를 유해 환경에서 지켜 낼 자신이 없다면 그 환경을 바꾸는 수밖에는 달리 방법이 없다. 스스로에게 힘이 없다는 걸 알았다면 비록 다른 사람 손에 맡기더라도 아이에게 더 좋은 길을 걸어갈 수 있게 해 주는 것이 좋지 않을까.

들고 의기양양하게 집으로 돌아왔다.

4월, 아자부 초등학교 입학. 방과 후에는 버스를 타고 방과 후 학교 역할을 해 주는 아동보육센터에 다니는 날들이 시작되었다. 그러면 서 초등학교 생활이 내가 어릴 적이랑 너무나 다르다는 사실에 놀라 고 말았다. 특히 아자부 초등학교는 교통 전쟁이 일어나는 도심 한가 운데 있는 학교다 보니 고학년이 되기 전까지는 보호자 동반 없이 자 전거 타기가 금지되어 있었고, 아이들끼리 딴 짓을 하며 즐거운 시간 을 보내는 일도 허용되지 않았다. 아파트에 사는 아이들이 많아 서로 전화를 걸어 각자의 일정을 확인한 뒤에야 밖으로 놀러나갔다. 애들 이 모일 만한 놀이터가 없다 보니 방안에서 3명에서 5명 정도의 한정 된 친구들과 그것도 장난감으로 놀 뿐이다. 외동아이인 도모에게 자 기보다 큰 아이들과 놀 기회가 없다는 것이 내내 마음에 걸렸다.

최신 텔레비전 게임이 줄줄이 늘어선 쇼 룸, 만화 가게, 게임 전문 점 등등 롯본기는 유혹도 많은 곳이다. 도모는 어린이집에서만 돌아 오면 해방이었다. 업무에 쫓기는 내 귀가 시간은 늦어지기 일쑤였고, 엄마 없는 집이 외로웠던지 도모는 가끔씩 이런 곳에도 들르기 시작 했다. 아동보육센터에서 돌아오는 길에 책가방을 멘 모습 그대로이 다 보니 가끔씩 학부형 모임에 있는 엄마들 눈에 띄게 되었다. 게다가 나도 모르는 사이에 전화 몇 통이 왔다고 한다. 아동보육센터는 4시 45분까지라서, 내가 바로 돌아와도 5시로 정해진 도모의 귀가 시간에 맞추는 것이 여간 힘든 게 아니었다.

"난 제 시간에 돌아왔는데 모르는 아줌마한테 주의 받았어."

도모에게 이런 항의를 받은 적도 있었다.

게다가 소비 문명은 싫고 좋고를 따질 틈도 없이 아이들 생활에 파고들었다. 나는 애써 인스턴트식품을 먹지 않도록 나름대로 주의하고 있었고, 과자나 장난감도 제한하고 있었다. 하지만 원고 마감이 닥치거나 도모한테 혼자 집을 보게 해야 할 때는 장난감이나 과자로 달래는 일이 많았다. 현대 생활에서는 부모가 어지간히 확고한 신념을 갖지 않으면 아이들에게 쉽게 물건을 주게 되고 만다. 물질의 소중함을 가르쳐 주고 싶어도 나 자신이 물질문명에 흠뻑 젖어 있기 때문에 아이들에게 설득력을 가질 수가 없었다.

애들이 모일 만한 놀이터가 없다 보니 방안에서 3명에서 5명 정도의 한정된 친구들과, 그것도 장난감으로 놀 뿐이다. 외동아이인 도모에게 자기보다 큰 아이들과 놀 기회가 없다는 것이 내내 마음에 걸렸다.

시간이 흐를수록 산촌 유학에 대한 생각이 머릿속을 꽉 채우기 시작했다. 아이를 유해 환경에서 지켜 낼 자신이 없다면 그 환경을 바꾸는 수밖에는 달리 방법이 없다. 스스로에게 힘이 없다는 걸 깨달았다면 비록 다른 사람 손에 맡기더라도 아이에게 더 좋은 길을 걸어갈 수 있게 해 주는 것이 좋지 않을까. 그러나 태어나서 지금까지 잠시라도 다른 사람 손에 맡기지 않았고 한시도 엄마 곁에서 떨어져 본 적이 없는 아이였다. 6개월이 지나갈 무렵부터 아토피성 습진으로 밤새도록 울고 보채는 바람에 한밤중에 아이를 업은 채 록본기 거리를 헤매고, 마감이 닥쳐 와 꼼짝도 못하고 아이를 침대에 내버려 둔 적도 있었다. 그렇게 고생해서 키워 온 아이였다.

아이는 내 일부였다. 아니, 내가 아이의 일부인 것 같은 생활이었다. 일 년 동안 아이 없이 보내는 생활이 막상 현실이 된다고 생각하니 기가 죽었다. 하지만 그런 어려움보다 그 무렵의 나는 환경이 내게 걸어오는 싸움에서 느껴지는 부담을 더 크게 느꼈던 건지도 모르겠다.

18일간의 단기 산촌 생활

여름방학 동안 열리는 '소다테루카이' 체험 프로그램에는 유아·초등학교 저학년의 자연 체험반, 자연 연구반, 낙농 체험반, 산사 체험반, 그리고 18일간 단기 산촌 생활반(전기, 후기를 합치면 30일간) 등 다채로운 행사가 있다.

싫어하는 아들을 억지로 보내고 싶지 않았기 때문에 이 단기 산촌 유학반에 넣어 산골의 즐거움을 스스로 찾도록 했다.

8월 6일, 엄마와 아이의 첫 번째 긴 이별. 봄철 스키반에서 선생님들과 친해졌던 도모는 즐겁게 출발했다. 신주쿠역新宿驛에서 커다란 가방을 지고 개찰구로 사라져 가는 뒷모습을 보고 가슴이 뛰었던 것은 오히려 나였다. 하루, 이틀은 아들이 없는 텅 빈 방이 견디기 힘들 정도로 외로웠지만 시간이 흐르면서 해방감도 커졌다. 밤늦게까지 회사에서 일을 하고 친구들과 오랜만에 술자리도 함께했다. 오랫동안 못 만났던 친구 집에서 자고 올 수도 있었다. 한 가지 마음에 걸렸던 것은 일주일이 지나도록 우편함이 텅 비었다는 사실이다. 그러던 어느날, 드디어 도모한테서 편지가 도착했다. 도모가 보낸 편지를 설레는 가슴으로 열어 보았다.

"엄마, 나 집에 가고 싶어요. 친구들이 나한테 '두드러기'라고 불러요. 그래도 내가 한 말은 친구들한테는 이야기하지 마세요."

단기 유학에서 돌아온 도모가 신주쿠역에서 처음 내뱉은 말은 "엄마, 엄청나게 재미
있었어요. 좀 더 있다 오고 싶었다니까." 였다. "엄마, 이 다음에는 어디로 갈까? 이로
리반으로 할까? 아니면 산촌 유학에 도전해 볼까?"

맙소사. 불쌍하게도 가기 전부터 손발에 벌레에 물린 자국이 많았던 아이는 그것이 그대로 별명으로 변해 왕따를 당하고 있었던 것이었다.

"벌레도 많고 굉장히 재밌어요."

하는 말을 기대하고 있었던 내게는 큰 충격이었다. 즐겁고 재미있을 때는 편지를 쓸 틈도 없겠지만 무언가 안 좋은 일이 생겼으니까 부모한테 어리광부리고 싶어져서 편지를 쓴 것은 아닐까? 애써 마음을 달래도 자꾸만 기분이 울적해지는 것은 어쩔 수가 없다. 이번 일로 아이가 자연을 싫어하게 되면 어떡하지? 첫 체험은 평생 기억에 남는 법인데 산촌 유학 계획이 토대부터 흔들리게 되는 것은 아닐까?

나는 정신없이 센터에 전화를 걸어 이사장인 아오키 다카야스靑木孝安 선생님과 통화를 했다. 이야기를 들은 아오키 선생님이 말했다.

"정말요? 글쎄요, 밤에도 친구들이랑 잘 놀고 재미있게 지내는 것 같던데. 내일 제가 아이들과 한번 이야기를 해 보겠습니다."

나는 잠시 망설였다. 친구들한테는 절대로 말하지 말라며 나한테 몰래 이야기한 건데 도대체 내가 제대로 된 엄마인 것일까? 아오키 선생님께 아이한테는 절대로 비밀로 해 달라며 몇 번이고 사정을 한 다음 전화를 끊었지만 참으로 부끄럽기 그지없었다. 내 아이가 왕따를 당하고 있다는 사실을 걱정한 것은 절대 아니다. 다만 이런 일로 아이가 내년으로 예정되어 있는 산촌 유학을 안 간다고 하면 어떻게 하나 생각했기 때문이다. 선생님이 이런 내 마음을 알아주셨을까?

도모가 돌아오기 사흘 전에 두 번째 편지가 왔다. 혹시나 이번에야말로 야사카 생활에 익숙해져서 즐거운 내용일 거라고 생각했는데 역시나였다.

"엄마, 이제 6일 후에 집에 가요. 난 매일 울다가 끝난 거 같아요."

편지를 읽고 나는 완전히 푼수엄마가 되고 말았다. 또 다시 센터로 전화를 걸어 구구절절 호소하고 친구들한테도 야사카행은 실패로 끝났다느니 산촌 유학은 이걸로 끝일지도 모른다며 징징거렸다. 나중에서야 모두들 "저 친구도 역시 보통 엄마였네." 하며 다들 웃었다고 한다.

실제로 그 사흘 동안 난 밥이 목구멍으로 넘어가질 않았다. 내 얼굴을 보고 혹시 아이가 엉엉 울어 대는 건 아닐지, 두 번 다시 야사카에 안가겠다고 하는 건 아닌지 걱정되었다. 선생님이 애를 좀 더 잘 봐

아이는 어느 곳에서나 적응을 잘 하건만 부모는 언제나 걱정부터 앞선다. 항상 자기 하고 싶은 대로 생활해 왔던 아이가 처음으로 자기보다 몸집도 크고 강한 아이들과 생활 속에서 부딪히니 문제가 일어나는 것은 당연하다.

줬으면 이런 일은 없었을 텐데 하며 원망하는 마음도 생겼다.

하지만 신주쿠역에서 아이를 만났을 때 도모가 처음 내뱉은 말은 "엄마, 엄청나게 재미있었어요. 좀 더 있다 오고 싶었다니까." 였다. 게다가 밥 먹을 때 "엄마, 이 다음에는 어디로 갈까? 이로리반으로 할까? 아니면 산촌 유학에 도전해 볼까?" 하며 야사카에서 있었던 일을 열을 올리며 이야기해 내 가슴을 설레게 했다.

선생님이 보내 주신 알림장에는 이렇게 쓰여 있었다.

"몸도 잘 움직이고 힘도 넘치고 활발하게 활동하지만, 가끔은 자기 감정을 억제하지 못하고 먼저 싸움을 거는 등 문제도 많았습니다."

도모는 외동아이인데다가 반에서 체격도 제일 크고 조숙하다. 어릴 때부터 이 집 저 집에 맡겨져 혼자 자라다 보니까 곱게 자란 다른 아이들보다 훨씬 더 많이, 살아가기 위한 나름의 지혜를 습득해야 했다. 그러다 보니 항상 다른 아이를 압박하고 자기 하고 싶은 대로 생활해 왔다. 그랬던 아이가 태어나서 처음으로 자기보다 몸집도 크고 강한 아이들과 생활 속에서 부딪히니 문제가 일어나는 것은 당연한 일이다.

이 일은 내 자식을 부모 처지에서 다시 바라보게 되는 귀중한 체험이었다. 요즘 초등학교에서는 고학년 아이들을 만날 기회가 거의 없다. 게다가 집 근처에는 도모를 물리칠 만한 골목대장도 없다. 이대로 가다가는 하늘 높은 줄 모르는 거만한 아이로 자랄지도 모른다. 무슨 일이 있어도 내년에는 산촌 유학에 보내야겠다는 생각을 했다.

야사카 마을 현지 견학

　2학기가 되자 친구들과 노는 일에 열중하기 시작한 도모는 "산촌 유학 안 갈래?" 하고 슬쩍 떠보아도 "응, 내후년쯤 4학년이 되면 생각해 볼게."라고 말했다. 아무래도 지금 만나고 있는 이 친구들이 도모한테는 소중하기 때문에 헤어지고 싶지 않은 것일 수도 있다. 내년까지 도모의 이런 마음을 바꾸게 할 수는 없을까? 10월에 들어서면서 아오키 선생님께 상담하러 갔다. 선생님은 아무렇지도 않게 이렇게 말했다.

　"걱정하지 마세요. 12월에 산촌 유학을 희망하는 아이들을 위한 특별 합숙이 열리는데 거기에 참가한 아이들은 대부분 산촌 유학을 가고 싶어하거든요."

　그러고는 아이와 함께 야사카 생활을 보러 갈 날짜를 정해 주었다.

　11월의 어느 토요일, 우리는 신주쿠에서 특급 고속전철 '아즈사'를 탔다. 마츠모토松本에서 갈아타고 다시 시나노오마치信濃大町 역에서 택시를 탄 뒤 야사카 마을로 향했다. 길을 가면서 운전사 아저씨가 마을 이야기를 해 주었다.

　먼저 초등학교 교장선생님이 나가노현에서도 잘 알려진 굉장히 훌륭하신 인격자로, 이 근방 사람들에게는 존경받는 분이라고 했다.

　"야사카 사람들, 참 좋은 사람들입니다. 우리 아들도 색시감은 야사카에서 찾았으면 하는 마음이라니까요"

운전사의 이야기를 듣고 정말 기뻤다. 아이는 아이대로 창밖 풍경에 흥분해서는 "저기가 운동장", "저기 내가 무를 심은 밭이 보여, 엄마." 하며 잘 아는 듯이 설명해 주었다. 센터에 도착한 것은 막 저녁 식사가 시작되는 시간이었다. 운동복에 한텐(일본식 방한복)을 걸친, 그야말로 '시골 아이' 모습 그대로인 유학생들이 보였다. 도모는 아이들과 함께 줄을 서서 밥도 타 먹고 뒷정리도 도왔다.

식사 후에 수확제를 위한 모임이 열렸다. 선생님이 간단한 설명을 하자 중학교 3학년 아이가 의장으로 나서서 서슴없이 일을 결정해 나갔다. 이 정도로 나이 차이가 나는 아이들이 원만하게 합의하는 모습을 보니 감탄하지 않을 수 없었다. 그룹으로 나누어 연구 테마를 정할 때도 어린 아이들조차 자기 의사를 정확하게 표현하고 큰아이는 리더로 추천받으면 바로 일어나 필요한 지시를 하였다. 도모가 그 아이들 사이에 아무렇지도 않게 들어가 있는 모습이 신기했다.

다음날 아침, 아직 어두운데 도모가 살짝 들어와 옷을 갈아입고 나갔다. 잠시 깜빡 졸고 있을 때 기상 음악과 함께 옷을 갈아입고 나오라는 방송이 나왔다. 6시 30분, 서둘러 밖으로 나가자 벌써 다른 친구들과 함께 줄을 서 있는 도모의 모습이 보였다.

눈 아래로 아침안개에 감싸인 산과 들이 보였다. 라디오 체조를 끝낸 아이들은 안개에 둘러싸인 산과 들을 바라보며 "안녕하세요!" 하며 씩씩하게 야사카 마을에 인사를 보냈다. 아침 식사를 할 때 남자 아이 한 명이 나에게 속삭였다. "쟤, 좀 신기하죠? 견학 온 애들은 대부분 엄마, 아빠 옆에 달라붙어 있는데, 오늘 아침에 장기를 들고 우리 방에 찾아왔지 뭐예요."

야사카 마을에 있는 야사카 산촌 유학 센터. 이곳에서 산촌 유학이 시작되었다. 혼자만 지내던 도모는 아이들과 함께 줄을 서서 밥도 타 먹고 뒷정리도 도울 줄 아는 아이로 변해 있었다. (왼쪽)

전북 완주군에 있는 고산 산촌 유학 센터. 아름다운 신록과 맑은 공기가 가득한 시골 마을은 아이의 정서에 좋은 영향을 준다. (오른쪽)

자연에서 자란 아이의 상상력

산촌 유학을 하고 있는 아이들 가운데 가장 인상 깊었던 것은 사이토 세리濟藤라는 2학년 여자 아이였다. 세리는 월간지 『크로와상』에 나온 산촌 유학 기사에 사진이 크게 실려 있어서 만났을 때 바로 알아볼 수 있었다. 명랑하고 사람을 잘 따르는 전형적인 말괄량이 소녀로 그날 아침 우리들을 초등학교까지 안내해 주었다.

외동아이로 부모님과 할아버지, 할머니의 사랑을 듬뿍 받고 있었음에도 1학년 때부터 이곳에서 생활하고 있다는 세리는 야사카의 자연을 놀라울 정도로 자기 것으로 만들고 있었다.(세리가 1학년 때 이곳 생활에 반발하여 가출까지 했다는 사실은 나중에서야 알게 되었다.)

세리는 작은 오솔길을 탄력 있고 부드럽게 내려갔다. 가다가 샘물을 만나면 낙엽을 한 장 살짝 띄우고는 "세리호, 출발!" 하고 외쳤다.

바람에 날려 쌓여 있는 커다란 나뭇잎을 둥글게 말아 케이크를 만들고, 아름다운 나뭇잎을 발견하면 "아줌마, 눈 감아 봐요!" 하며 내 가슴에 달아 주고, 작고 예쁜 나뭇가지를 꺾어 비녀도 만들어 주었다. 세리가 하는 이 놀이가 마음에 든 나는 감동에 젖어 나도 모르게 눈을 감았다. 끊임없이 무언가를 찾아내어 놀이에 열중하는 세리를 보면서 내가 찾고 있던 것이 바로 이것이리는 생각을 떨쳐 버릴 수가 없었다. 한 장의 나뭇잎이 배가 되고 보석이 되는, 어릴 적에나 가질 수 있

산촌 유학은 아이들에게 자연과 공감할 수 있는 능력을 길러 준다. 어릴 적에나 가질 수 있는 이런 능력이 도시 문명 속에 묻혀 버린 것은 아닐까?

는 이런 상상력이야말로 도시 문명이 빼앗아 간 것은 아닐까?

그날 오후, 유학생들의 환송을 받으며 탄 차 안에서 도모가 말했다.

"엄마, 중학생 누나가 내년에 또 오라고 그랬어. 나 내년에 꼭 다시 올래!"

도시여, 안녕!

산촌 유학 신청서를 보내고 난 12월 26일, 도모는 유학 희망자들을 위한 행사인 특별반에 참가하였다. 5일간, 유학생들과 함께 농가에 머물며 유학 생활에 관한 영화를 보고 초등학교에도 하루 입학을 했다. 이때 선생님이 보낸 알림장에는 이렇게 쓰여 있었다.

- 체험 내용: 다리 만들기, 신문 만들기, 마음 탐험, 영화 상영, 학교 견학, 농가 순례, 떡 만들기, 토끼몰이, 농가 생활, 죽세공, 볏짚 공예, 유학생 대화.
- 활동 상황: 여름 단기반이었을 때와 비교하면 다른 아이들과의 대립이 눈에 띄게 줄어들었고, 우는 일이 없어졌으며 가방도 잘 꾸리게 되었습니다. 여름방학 때보다 굉장히 나아진 모습이 보입니다. 지금보다 야채를 더 많이 먹게 되기를 바랍니다.

도모가 머문 농가에서는 평소에는 잘 사용하지 않는 이로리(마룻바닥을 사각형으로 파서 방한과 취사용으로 불을 피우는 장치. 옮긴이)에 불을 피워 농가 아버지가 들려주는 옛날이야기에 다들 감격하였다. 도쿄로 돌아오는 길에 도모가 말했다.

"키로쿠熹六집은 간식이 무지 맛있어. 떡도 있고 과자도 있고⋯. 나

내년에 이 집 아이로 들어가고 싶어."

겨울방학이 끝나고 나서 도모는 학교에 가도 마음은 완전히 야사카에 있는 것 같았다. 친구들한테도 야사카 이야기만 하는 것 같고 집에서도 무얼 가지고 갈지 고민하였다.

2월, 면접과 모자母子 테스트가 있었다. 이 테스트가 무척 재미있었던 것은, 아이가 치른 똑같은 시험을 부모가 한 번 더, 우리 아이가 이렇게 대답했을 거라고 생각한 답을 적는 것이었다. 우리 집 모자 관계는 어떤지 결과가 궁금했지만 모임에서는 가르쳐 주지 않았다.

면접에서 "도모 같은 학생한테는 선생님도 산촌 유학을 권하고 싶다."는 말을 듣자 그때서야 난 한시름 놓을 수 있었다.

짐을 꾸리고 챙기는 것도 아이에게는 중요한 배움이 된다. 도시를 떠나기 전 도모는 집에서 무얼 가지고 갈지 오랫동안 고민했다. 산촌 유학 행사에서는 지도 선생님이 자기 짐은 자기가 스스로 꾸리고 정리하도록 당부한다.

입학 허가서가 도착한 것은 3월도 한참 지나서였다. 그로부터 입학식까지 얼마나 분주했는지 모른다. 계약서와 전출 증명서, 성적 증명서를 보내고 입학금을 내고 현지에 보낼 이불을 사러 다녀야 했다. 지시받은 옷과 소지품을 일하는 틈틈이 사 두었다가 이름을 써서 택배로 부쳤다. 하지만 그 때 내가 실수한 것은 바쁘다는 핑계로 이런 모든 과정을 도모와 함께 하지 않았다는 사실이다. 행사 때마다 지도 선생님이 자기 짐은 자기가 스스로 꾸리고 정리하도록 부탁했음에도 나는 제일 중요한 시간에 그것을 게을리 하고 말았다. 실제로 도모는 센터에 가서 자기 소지품을 몰라 혼자만 짐 정리를 못했다고 한다.

그건 그렇고 출발을 앞둔 일주일은 송별회로 바빴다. 어린이집 동급생, 같은 반 친구들, 사촌들과 주변 사람들…. 특히 초등학교 남자 아이들은 작별을 아쉬워하며 저녁 먹을 시간이 되어도 돌아갈 생각을 하지 않아, 2년 후에 도모가 유학을 마치고 돌아올 수 있는 좋은 장소가 있다는 사실에 마음이 든든했다.

그리고 3월 31일, 입학식에 가기 위해 우리는 도쿄를 떠났다.

안녕, 아자부 초등학교. 잘 있어라, 롯본기.

"매일 매일 일하면서 잠도 조금밖에 못 자고
저를 야사카에 보내 주셔서 감사합니다.
집이랑 엄마 일이랑 고양이랑 여러 가지로 힘들겠지만 힘내세요.
저도 열심히 하겠습니다. 고양이는 어때요? 많이 컸나요?
새끼고양이를 낳으면 바로 알려 주세요.
그럼, 건강하세요.
항상 고마워요, 엄마."

봄, 아이들이 움직인다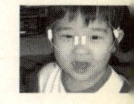

봄을 부르는 꽃바람 입학식

"엄마, 좀 튀지 않아요? 야사카에 갈 때는 마을 사람처럼 보여야 되
잖아요."

출발하는 날 아침, 간단하게 등산복 차림을 할까 아니면 입학식이
니까 그래도 입학식답게 차려 입는 게 나을까, 한참을 망설인 끝에 검
은 정장을 입은 나를 보고 도모가 말했다.

그런 도모는 가을에 야사카에 갔을 때 남자 아이들이 모두 입고 있
던 운동복을 위아래 입고 싶었다며 투덜거리면서 남색 줄무늬셔츠에
남색 바지를 입었다. 오전 9시. 사촌형과 예전에 이웃집에 살던 누나
의 배웅을 받으며 신주쿠역을 출발했다. 오후 2시가 지나서 야사카
센터에 도착하자 1층에는 이미 여기저기에서 보내 온 짐들이 어지럽
게 뒹굴고 사람들 목소리로 시끌벅적했다. 도착하자마자 부딪칠 뻔
한 사람은 바로 사이토 세리였다. 이미 집에 가고 없을 거라고 생각하
니 조금 섭섭했는데, 세리는 벌써 3년째 야사카에서 지내고 있었다.

2층 거실에는 이미 입학식 준비를 마치고 티비에스(TBS) 텔레비전
취재반이 카메라와 마이크를 준비하고 있었다. 이 사람들은 앞으로
일 년 동안 수시로 아이들을 취재하여 방송에 내보낸다고 한다.

오후 3시, 입학식이 시작되었다. 재학생들이 신입생들에게 노란 꽃
망울이 달린 나뭇가지를 나누어 주고, 행사장 한가운데 놓인 커다란

스키 신발에 다 같이 꽃꽂이를 했다. 이맘때 이 지방에서 제일 먼저 피는 꽃인 노란 꽃망울의 산수유는 봄을 부르는 꽃이다. 모두가 한 마음으로 앞으로 일 년 동안 열심히 하자는 의미에서 늘 하는 행사다. 스키 신발에 봄을 부르는 꽃, 이 얼마나 산촌 학교다운 모습인가.

이어서 아이들이 한 사람, 한 사람씩 일어나서 앞으로 일 년 동안의 포부에 대해 말했다. 도모는 두 번째로 깜짝 놀랄 만큼 큰 목소리로 말했다.

"전 야사카에서 밭을 갈고 쌀을 만들고 싶습니다!"

선생님과 농가 대표 분들의 환영 인사가 아이들은 물론이고 우리 부모들에게도 따뜻하게 전해져 왔다. 먼저 '소다테루카이' 의 이사장인 아오키 선생님이 천천히, 그러나 온화한 목소리로 말했다.

"중학생은 8킬로미터, 초등학생은 4킬로미터 되는 길을 매일 걸어 주세요. 음식은 자기 손으로 만들고, 산에서 따 온 것을 배불리 먹고, 돈은 쓰지 않도록 노력해 주세요. 유학은 힘든 일도 많지만 그만큼 즐거운 일도 많습니다. 그리고 어른이 되면 알프스산 같은 사람이 되어 주세요. 농가의 따뜻한 마음을 선물로 가지고 가세요."

다음은 인격자로 평판이 높은(예전에 택시 운전사에게 들었다.) 야사카 초등학교의 하마 요시노리幅具義 교장선생님 차례였다.

"야사카의 자연을 마음껏 탐험해 주십시오. 마을 사람들은 모두 친절하신 분들이라 여러분이 물으면 무엇이든지 가르쳐 줄 겁니다. 크고 힘찬 목소리로 누구한테나 씩씩하게 인사를 해 주세요."

아이들에게 이렇게 말씀하셨지만, 4월이면 오오마치大町에 있는 초등학교로 옮겨 가신다고 한다. 다음으로 농가 대표인 스와 요시쥬諏訪義十 씨의 솔직하면서도 마음이 담긴 인사말이 이어졌다.

"농가 모두가 한마음 한뜻으로 모든 어린이들을 책임지겠습니다. 부모님 여러분, 안심하고 저희에게 맡겨 주십시오."

내 안에서 불안한 마음이 조금씩 사라져 갔다.

야사카 마을에서 30년이 넘게 산촌 유학을 해 온 스와 씨. 이 농가에는 지금까지 180여 명이 넘는 아이들이 거쳐 갔다.

아이들을 떠나보내는 부모 마음

입학식이 끝난 후 6시에 저녁 식사, 8시부터 부모 간담회가 있다. 그전까지 몇 시간, 어머니들은 각자 재학생 어머니들을 둘러싸고 정보를 얻기 위해 애를 썼다. 3년째인 세리 양의 어머니 사이토 아이코濟藤藍子 씨가 아이들한테 보내는 편지 쓰는 법과 농가에 대한 배려에 대해 꼼꼼하게 가르쳐 주었다. 저녁 식사가 끝난 후에도 3층에 있는 방에 모여 한참 동안 이야기가 이어졌는데, 이야기를 들으면서도 마음속에서는 짐은 언제 푸는지, 미처 시간을 못 맞추고 그냥 가져온 이불 덮개 씌워 줄 일을 걱정하고 있었다. 어머니 한 분이 들어오셔서는,

"아이들이 이불을 펴기 시작했어요."

하고 말했다.

그 말에 당황해서 뛰어나가려는 나를 보고는 사이토 씨가 엄한 목소리로 말했다.

"어머니, 지금 가시면 안 됩니다."

"아이들이 어떻게 해서든 자기 손으로 할 거예요. 이불 덮개야 하룻밤 정도 안 해도 좋잖아요. 이곳에 오시면 아이들을 도와줘서는 안 됩니다."

또 다시 푼수엄마가 되었다. 미처 생각할 틈도 없이 몸이 먼저 움직이다니 부끄러웠다. 덩달아 엉거주춤, 같이 일어서려던 다른 엄마들

과 얼굴을 마주보며 웃고 말았다. 15분 정도 지나자 센터의 어머니 역을 맡고 있는 고와마 미요兒玉美代 선생님이 올라오셔서 씽긋 웃으며 말했다.

"편하게 계세요. 아이들이 혼자 힘으로 이불 펴고 잠자리에 들었습니다."

8시부터 학년순으로 부모들이 함께 모여 간담회가 시작되었다. 대부분은 엄마, 아빠가 같이 참가했으며 할아버지, 할머니도 몇 분 보이셨다. 아오키 이사장이 "센터, 농가, 학교 할 것 없이 야사카 마을 방문은 전부 학교의 연간 계획에 따를 것", "아이들 앞으로 보내는 짐, 또는 방문하실 때는 식품과 관련된 것은 일체 주지 말 것", "아이들의 농가 할당에 대해서는 부모님은 일체 관여하지 말 것" 등 학교 규칙을 설명한 후 부모들이 한 사람씩 직업과 입학동기 등에 대해 이야기했다. 회사원, 자영업, 교사, 맞벌이 부부 등 다양한 사람들이 있었다. 모든 부모가 하나같이 아이를 자연 속에서 키우고 싶다는 강한 열망을 가지고 있었다.

"머리로만 생각하지 않고, 몸으로 생각할 줄 아는 아이로 키우고 싶습니다."

초등학교 3학년 남자 아이를 유학시키고 있는 전 그랑프리 레이서 다키 신타로瀧進太郎 씨의 말이다. 실제로 다키 씨는 유소년 시절을 깊은 산골에서 힘들게 생활해 본 적이 있다고 한다.

"외동아이라서 형제가 무엇인지 가르쳐 주고 싶어요."

야사카 산촌 유학 센터(왼쪽)와 스와 씨 댁 농가(오른쪽) 풍경. 아오키 선생님은 부모들에게 "센터, 농가, 학교 할 것 없이 야사카 마을 방문은 전부 학교의 연간 계획에 따를 것", "아이들에게 식품은 일체 주지 말 것", "농가 할당에는 관여하지 말 것"을 당부했다. 어느 학부모는 "아이에게 최고의 사치를 시키고 있다"고 말했다.

"막내라 너무 어리광을 받아 주며 키웠거든요. 그래서 반성하는 마음에서……."

하고 말하는 사람도 있었다.

"아이는 부모와는 다른 인격이니까 한번 부모와 떨어져서 스스로 생각할 수 있는 시간을 주고 싶었습니다."

이런 열변을 토하는 어머니도 있었다.

"내가 직업을 가지고 보니 정작 중요한 것은 학력보다 체력과 기력이라는 것을 실감했어요."

이 말은 간호원에서 편집인으로 직장을 옮긴 뒤 취재에 여념이 없는 이나바 게이코稻葉敬子 씨의 말이다. 이나바 씨는 2학년과 6학년, 남자 아이 둘을 입학시켰다. 또, 모임에서 주최한 행사에 참가했다가 아이가 너무 간절히 원해서 입학시켰다는 사람도 많았다.

"난 반대했는데 아내와 아이가 결정했어요. 야사카에 아이를 빼앗긴 것 같아요."

자식사랑이 끔찍한 아버지의 말도 실감이 느껴지는 게 훈훈했다.

"나는 아이에게 최고의 사치를 시키고 있다고 생각합니다."

라고 조용한 목소리로 말한 사이토 씨 말도 가슴에 남았다. 그렇다. 더 나이 먹기 전에 내가 아이에게 해 줄 수 있는 최고의 사치를 시켜 주는 것이다. 아름다운 산, 깨끗한 물과 공기, 문명 속에서 자연을 지키며 싸우고 있는 사람들과 함께하는 생활. 도모, 엄마가 너에게 주는 이 사치를 마음껏 받아 주기 바란다.

야사카 초등학교의 입학식

4월 1일. 아침부터 가랑비가 뿌렸다. 아침 식사 전에 아이들은 뒷
산으로 버섯 균을 식균하러 나가고, 부모들은 가까운 다카카리산鷹狩
山에 올랐다.

"너희들이 오늘 아침에 먹은 표고버섯은 3년 전에 형이랑 누나들
이 균을 심어서 키운 것들이란다. 이제부터 야사카에 오는 사람들
을 위해서 너희들도 형이랑 누나들처럼 잘해 주리라 믿어."

아침 라디오 체조 시간 뒤에 아오키 선생님이 말씀하셨다. 이런 식
으로 아이들은 물질의 생성 과정을 알게 되고 타인에 대한 고마움과
배려를 알아 가게 되나 보다.

가파른 숨을 내쉬며 30분 정도 올라간 다카카리산의 전망이 어찌
나 좋은지 입이 딱 벌어져 한순간 말이 안 나올 정도였다. 북알프스
연봉을 시작으로 360도로 눈을 이고 앉은 산들. 점점이 있는 촌락과
그 반대편으로 집들이 겹쳐진 마을도 보였다. 아침 해에 빛나는 장대
한 파노라마는 말 그대로 숨이 멎을 만큼 아름다웠다. 산촌 유학은 부
모들에게도 이런 만족감을 전해 주었다.

7시가 지나서 아이들이 첫 등교를 시작했다. 부모들이 식당에서 편
안하게 쉬고 있는 사이에 벌써 언덕길 아래로 달려 내려가고 있었다.
작은 아이들이 종종 달리기로 큰 아이들을 쫓아가고, 큰 아이들은 가

아이들이 학교에 갈 때는 늘 무리지어 다닌다. 작은 아이들이 종종 달리기로 큰 아이들을 쫓아가고, 큰 아이들은 가끔씩 멈춰 서서 작은 아이를 기다려 주었다. 여자 아이들은 작은 아이들을 둘러싸듯 걷는다.

끔씩 멈춰 서서 작은 아이가 따라오도록 기다려 주었다. 여자 아이들은 작은 아이들을 둘러싸듯이 몇 개 그룹으로 나누어 걷고 있었다.

　오후, 우리들도 선생님과 간담회에 나섰다. 야사카 제1초등학교, 넓은 교정에 파란 지붕으로 된 목조건물과 초록색 지붕을 한 체육관, 넓은 교정 구석에 아주 멋진 수영장도 보였다. 마을 크기로 보아 본격적으로 인구 감소가 진행되기 전에는 아이들이 몇 백 명쯤 있었겠지만 지금은 유학생 25명을 포함해 전교생이 63명이었다. 마을에는 유학생을 받아들이지 않는 제2초등학교가 하나 더 있지만 이쪽도 30여 명밖에 되지 않는다고 한다.(지금은 제2초등학교가 야사카 초등학교로 통합되어 새로운 교사가 지어졌다.)

　안으로 들어가자 마룻바닥을 깐 복도는 잘 닦여져 반짝반짝 윤이 났고 화장실도 깨끗했다. 청소는 1학년부터 6학년까지 전원이 나누어서 한다고 한다.

　새로 오신 시로자와 다로白澤多郎 교장선생님은 온화하게 보이는 분이었다. 몸집이 있어 보이는 마루야마 가즈오丸山一夫 선생님과 여러 담임 선생님들도 만났다. 도모가 앞으로 신세를 지게 될 2학년 담임이신 하시에다 히테키橋枝英紀 선생님은 올 봄에 신슈信州 대학을 졸업한 소년 같은 선생님이었다. 취직한 첫날에 티비에스 텔레비전 취재로 카메라가 돌고 도시 부모들에게 둘러싸여 흥분되었을 것이다.

　교실에서 우리들과 간담회를 할 때도 시종 고개를 숙인 채 가끔씩 아직도 안 끝났나, 하는 얼굴로 흘끔흘끔 시계를 쳐다보았다. 하지만 마을 아이 6명에 유학생 4명으로 구성된 2학년 반은 한 사람 한 사람 몸으로 부딪쳐 나가겠다는 이 선생님에게 나는 즐거운 마음으로 아이들을 맡겨 보고 싶은 마음이 들었다.

다음날, 입학식에 참석하였다. 신입생은 총 네 명. 재학생들이 〈환영의 노래〉를 멋지게 합주하면서 넓은 체육관 뒤에서 하나둘씩 들어오자, 도시 부모들 사이에서 탄성이 새어 나왔다.

"○○, 넌 종이접기를 잘한다며?"

한 사람 한 사람에게 메시지와 구호를 반복해서 건네는 아이들의 환영 인사에 나도 모르게 가슴이 뜨거워졌다.

눈물이 앞을 가리잖아

4월 2일, 아이들과 작별하는 날 아침. 전날 밤 선생님과 부모들이 늦게까지 술잔을 주고받은 탓인지 아침에 일어나기가 힘들었다. 필요한 이야기가 끝날 듯 싶으면 술이 따라 나오는 센터의 밤 분위기는 긴장으로 굳어진 내 마음을 풀어 주었다.

"그래도, 예전에는 그렇지 않았어요. 부모님들은 부모님들대로 신경을 곤두세우며 학교가 나아갈 방향에 대해 논쟁도 했어요. 하지만 지금은 그만큼 이 모임이 안정되었다는 뜻이기도 하겠죠."

3년째인 사이토 씨가 말했다.

함께 아침을 먹은 후 학교에 가는 아이들을 배웅하고 나면 이제 부모들은 야사카를 떠나야 한다. 아이들은 센터로 들어가고나서 부모들과는 다른 행동을 하고 있었지만 가끔씩 핑계거리를 가지고 한 사람, 두 사람 부모 있는 곳으로 왔다. 모두들 씩씩하게 지내고 있었지만 마음속은 외로움과 불안이 엄습하고 있었을 것이다. 몸집도 작고 왔을 때부터 제일 시무룩한 얼굴을 하고 있던 2학년 히로세 요헤이廣瀨洋平가 밥을 먹으면서 자꾸만 하늘을 쳐다봤다. 고개를 떨구면 눈물이 자꾸만 밥그릇 속으로 떨어지기 때문이다.

"저 아이는 형한테 끌려오다시피 해서 왔는데, 솔직히 이렇게까지 힘들어할 거라고는 생각도 못 했어요."

도모는 자신을 억제하고 있는지 나를 제대로 쳐다보려고도 하지 않고, "가요, 엄마. 저 다녀올게요!"라며 달려가 버리고 말았다. 아이들을 남겨 두고 떠나야 하는 부모의 짠한 마음을 아이들도 알고 있을까?

멀리 요헤이를 바라보면서 어머니 미치요 씨가 말했다. 요헤이 어머니가 눈물을 그렁거리자 뒤에서 아오키 이사장이 말했다.

"어머니. 괜찮아요. 저런 아이들이 더 빨리 적응하거든요."

아이들과 나누는 작별은 순식간에 끝났다. 도모는 자신을 억제하고 있는지 나를 제대로 쳐다보려고도 하지 않고, "가요, 엄마. 저 다녀올게요!"라며 달려가 버리고 말았다. 어머니들의 "잘 다녀와!", "열심히 하고!"라는 목소리가 여기저기에서 들렸다. 그중에는 참다 참다 2층으로 뛰어올라가는 사람들도 있었다. 조용해진 식당에서 차를 마시며 사이토 씨가 말했다.

"이렇게 멋진 곳에 아이들을 남기고 가면서도 이렇게 힘든데, 전쟁터로 아이들을 보낸 어머니들의 마음은 더하겠죠?"

전쟁을 모르는 어머니들도 공감을 했는지 순간 주변에 정적이 감돌았다.

새싹처럼 자라는 아이들

엄마. 안녕하세요. 전 건강하게 잘 있습니다.

학교까지 4킬로미터나 되는 길을 매일 걸어 다녀서 피곤해요.

그리고 지름길을 지나다니는 게 무섭고 싫어요.

그리고 저를 괴롭히는 애들이 있어요. 이름은 ○○이랑 ○○이에요.

이름도 모르는 애들도 있고요.

엄마도 24일까지 편지 주세요.

기다릴게요.

도모가.

아이한테 처음으로 엽서가 도착했다. 여름 행사에서 이미 체험한 적이 있어서 이번에는 나도 씩 웃으며 넘길 수 있었다.

그래, 도모. 왕따도 많이 당하고 괴로움도 많이 당해 보아라. 형은 원래 동생들을 괴롭히면서 예뻐하고 챙겨 주는 것이거든. 실제로 나중에 들려온 이야기로는 이때 도모가 이름을 써 보낸 아이가 제일 좋아하는 형이 되었다고 한다.

매일 아이들이 봄꽃으로 식당을 장식해 주고 있습니다. 아이들이 써 준 자연의 소리로 화제가 풍성합니다. 입학하고 나서 20일, 아이들은 야사카의 자연과 하나가 되어 봄날의 새싹처럼 요동치고 있습니다.

부모님들의 첫 번째 방문이자 앞으로 일 년 동안 신세를 질 농가와의 만남 일정을 알려 주는 편지를 센터에서 보내 왔다. 그 편지는 야사카의 전임 지도원이신 야마모토 마츠노리山本光則 선생님의 이런 인사로 시작되었다. 도시 생활밖에 경험하지 못했던 아이들은 보는 것, 듣는 것, 느끼는 것 모두가 신선한 놀라움의 연속이었을 것이다. 나중에 학교에서 보내 온 생활 기록 『메아리』에는 아이들이 귀가할 때마다 적은 「작은 자연」이 이렇게 소개되어 있었다.

- 기타자와 논의 물웅덩이에서 올챙이 알 발견.
- 초등학교 흙더미에 머위 새순이 많이 돋아 있었다.
- 공터 앞 들판에 덩굴 싹이 많이 나와 있었다.
- 숲 속 길에서 넥타이를 한 새(박새)를 보았다.
- 연못 위에 작은 벌레가 헤엄치고 있었다.
- 농부가 밭고랑에서 일을 하고 있었다.
- 뱀을 보았다. 아직 졸리는지 천천히 움직이고 있었다.
- 백목련이 피었다!
- 너구리 사체 발견!
- 센터 뒷산에 표고버섯이 나왔다.

아사카에서 활동하던 야마모토 선생님은 지금 오사카 산촌 유학 센터에서 활동하고 있다. 지금까지 30년 넘게 일본의 산촌 유학을 이끌어 오고 있는 분이다.

이것은 센터 입구에 커다란 종이를 붙여 아이들에게 자유롭게 낙서를 하도록 만들어 둔 게시판에서 가져온 것이라고 한다. 이런 감동의 이면에는 아이들도 상당히 동요하고 있었던 것 같다.

4월 12일
아침부터 추적추적 비가 내려 아이들이 너나 할 것 없이 뭉기적거리고 있는데 학교로 억지로 쫓아냈다. 모리히토護人랑 나오미尙美를 병원에 데리고 갔지만 둘 다 건강하다는 말을 듣고 학교로 데리고 갔다.
저녁에 아프다는 애들이 속출. 준지純次, 가즈히사一久, 요코洋子, 게이코敬子, 신노스케伸之介, 세리……

식욕이 없는지 밥을 제대로 못 먹는다.

4월 13일
아침에 일어나니 열이 나서 못 일어나는 아이들이 속출. 밥을 먹는 아이들도 힘이 없어 보인다. 여자 아이들은 한 명이 쉬면 연이어서 연쇄 반응을 보인다. 야사카 제일초등학교에 다니는 25명의 학생들 가운데 무려 18명이 등교하지 않았다.
그중에는 꾀병을 부리는 아이들도 꽤 있어서 모두 양호실에 데려가 건강해 보이는 아이들은 중간에 학교로 보냈다. 하지만 학교에만 가면 다시 속이 안 좋아져 데려갔던 아이들을 도로 데려오느라 센터 차량은 하루 종일 왔다 갔다 정신없었다.
센터에 돌아오면 갑자기 건강해져서 뛰어노는 아이들이 많은 것을 보니 아마 정신적인 것이 크게 작용한 것임에 틀림없어 보인다.

4월 15일
어제보다 인원수가 줄었다. 감기는 고비를 넘긴 것 같다. 하지만 여자 아이 7명은 아직도 문제가 남아 있다. 아침에는 기분 좋게 일어났는데도 식사를 마치면 배가 아프다느니, 열이 난다느니, 기침이 난다느니 하며 하소연하러 왔다. 아무래도 등교 거부 비슷한 일이 일어난 것 같다.

이런 일을 그 당시 알게 되었다면 과연 부모들은 어떤 모습을 보였

아이들은 새싹처럼 자란다. 흙더미에 머위 새순이 돋아 있
는 것도 보고, 공터 앞 들판에 덩굴 싹이 나온 것도 보고, 표
고버섯이 흙을 뚫고 나오는 모습도 본다. 손수 뿌린 씨에서
나오는 새싹을 키우고 거두면서 아이들은 무럭무럭 자랐다.

을까? 일 년째인 우리들은 아이 상태를 알아보느라 전전긍긍하며 전화기만 붙들고 있었을 것이 틀림없다. 하지만 한 달 후에 우리들이 만난 것은, 말 그대로 봄날에 새싹들이 약동하는 것 같은 건강한 아이들이었다.

도모가 지내는 모습을 직접 보고

"어머나, 나오미가 보이네. 도모도 있고."

어머니들 가운데 제일 젊고 명랑한 소토오 마츠코外尾松子 씨의 통통 튀는 목소리가 들려왔다.

언덕길 아래에 있는 나무 밑에서 도모가 이쪽을 보고 있었다. 한 달간의 활동 탓인지 군살이 빠져 상당히 날씬해져 있었다. 도모 이상으로 통통하던 나오미의 날씬해진 모습에 놀랐다. 쑥스러운지 도모는 내 얼굴을 제대로 쳐다보려 하지도 않았다.

"엄마, 저기 만화 가져왔어?"

하고 물었다. 센터에서는 만화가 금지되어 있다는 말을 하자 역시, 하는 얼굴로 뛰어가 버렸다.

4월 30일, 전날 저녁 센터에 온 우리들은 수업에 참관하기 위해서 아이들 등교 시간에 맞추어 산길을 타고 내려왔다.

2학년 수업은 아자부 초등학교의 질서 정연한 수업에서는 도저히 상상도 못할 만큼 엄청난 것이었다. 넓은 교실 한가운데 열 개의 책상이 반달형으로 이어져 있고 선생님은 한 사람 한 사람의 책상을 돌아다니며 지도하는데, 아이들은 한순간도 가만히 있지를 않았다. 목청껏 소리를 높여 선생님을 부르고 옆에 앉은 짝을 쿡쿡 찔러댄다. 그러면 소년 같은 모습을 한 신입 선생님은 말 그대로 땀투성이가 되어 책상에서 책상으로 날아다녔다. 게다가 쉬는 시간에는 아이들이 어깨에 매달려 교무실에 돌아가지도 못하고 함께 놀아 주고 있었다.

2학년은 마을의 여자 아이 2명에 남자 아이 4명, 유학생은 소토오 나오미, 히로세 요헤이, 이나바 신노스케와 도모, 이렇게 4명이다. 마을 아이들과 여자 아이들은 대체로 얌전했지만, 남자 아이들 가운데는 장래 거물을 연상시키는 재미있는 아이도 있었다. 그 아이의 엉뚱한 행동 때문에 우리 모두는 웃음의 연속이었다. 이렇게 재미있는 수업이 일 년 동안 계속된다면 도쿄에 돌아가서 어떻게 될까, 하며 내심 걱정되었다. 하지만 선생님은 웃음 띤 얼굴로 말했다.

"조만간 아이들을 꽉 잡아 보일게요."

오후에는 기다리고 기다리던 농가 방문 시간이 돌아왔다. 일 년 동안 신세를 지게 될 농가에 처음 인사를 가는 것이다. 한 시각이라도

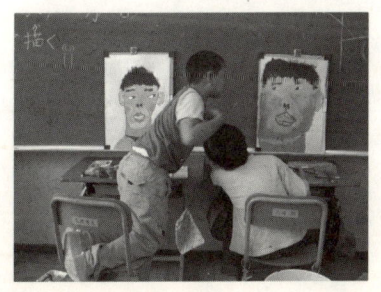

미술 시간. 아이들은 그림 그리는 동안에도 반은 장난이다. 한순간도 가만히 있지를 않고 목청껏 소리를 높여 선생님을 부르거나 옆에 앉은 짝을 쿡쿡 찔러댄다

경남 함양군 마천면 '햇살네 교류 학습'에 찾아온 아이들. 일본에서와 마찬가지로
한국의 산촌 유학도 농가에 있는 엄마에게 모든 생활을 맡긴다. 야사카 마을에서는
어떤 농가에, 어떤 아이들이 갈지 입학하고 나서 약 3주일 동안 센터 생활을 하면서
선생님들이 한 사람 한 사람 아이들을 관찰해서 결정한다.

빨리 먼저 가려는 우리들을 보고 고와마 미요 선생님이 조용한 목소리로 제동을 걸었다.

"농가에 가서서 아이들 방을 보시더라도 서랍을 정리해 주시거나 빨래를 해 주서서는 안 됩니다. 지금은 저 집 아이들이니까요."

맞다. 이 야사카에 있는 이상 도모는 내 아이가 아니다. 새엄마에게 모든 생활을 맡긴 것이다.

어떤 농가에, 어떤 아이들이 갈지는 입학하고 나서 약 3주일 동안 센터 생활을 하면서 선생님들이 한 사람 한 사람 아이들을 관찰해서 결정한다. 이 아이와 저 아이라면 서로의 장점과 단점을 보완해 줄 수 있을까? 이 아이들이 사이가 나빠지면 어떤 아이들이 중간 역할을 해 줄 수 있을까? 이 아이의 이런 점을 살려 주기 위해서는 이 집 아버지의 이런 부분이 필요하지 않을까? 아니, 그보다는 이런 일도 생각해 볼 수 있지 않을까? 하며 아이들 이름을 쓴 종이를, 마치 장기를 두듯이 움직여 가며 며칠 밤낮을 토론하면서 결정한다고 한다.

농가 할당은 부모들에게도 아이들에게도 최대 관심사다. 아이들 사이에서도 이런 저런 추리가 오가고, 발표 전날은 흥분해서 한참 동안 잠을 자지 못했다고 선생님이 말해 주었다.

4월 20일, 농가에 들어가는 날, 마중 나온 농가 사람들 앞에서 한 사람 한 사람 이름을 부르고, 반가운 얼굴로 서로 악수를 하며 차를 타고 갔다. 이 모습을 티비에스 리포터가 취재해 우리들도 텔레비전을 통하여 볼 수 있었다.

"엄마"라고 불러 버렸어

올해 도모가 신세를 지게 될 곳은 센터 가까이에 사는 키리쿠모 지구의 가츠노 마사루勝野大 씨 집이다. 남자 같은 이름을 가진 이 어머니는 젊은 시절 남편을 잃고 여든 살 노모와 함께 농사를 지으면서 혼자 자식을 세 명이나 키워 냈다고 한다. 농가 어머니는 올해로 4년째인데, 아이들이 하나같이 가고 싶어하는 집 가운데 하나라고 한다.

마사루 씨의 집은 백 년도 전에 세워진 하얀 토방이 있는 커다란 농가였다. 자그마한 몸집에 눈매가 선해 보이는 어머니와 도저히 그 나이로는 보이지 않는 건강한 할머니가 온 몸으로 환영을 하며 맞아 주었다. 거실 테이블에는 큰 접시에 한가득 담긴 오이장아찌와 단무지, 찹쌀떡에 절편, 머위나물에 한 소쿠리 가득 쌓인 버섯에다 맥주까지 준비되어 있었다. 아이들은 우리를 기다리며 앉아 있었다. 올 일 년 동안 똑같은 농가에서 생활하는 아이들은 6학년 나가지마 유키長島由貴와 기무라 요코木村洋子, 2학년 이나바 신노스케와 도모다.

"오늘만큼은 도쿄 엄마들이 좋다며 모두 아침부터 가만 있지를 못했어요. 평소에는 '엄마, 엄마' 하며 저한테 어리광 피우지만요."

마사루 씨가 눈이 보이지 않을 정도로 웃는 얼굴로 말했다.

"도모랑 신노스케는 쌍둥이처럼 항상 붙어 다녀요. 아! 그리고 보니 도모가 제일 먼저 엄마라고 불러 주었어요."

전북 완주군 고산 산촌 유학 센터 아이들. 산촌 유학은 해당 센터만이 아니라 마을 분
위기도 무척 중요하다. 일본의 산촌 유학 농가 부모님들은 백 년도 넘은 오래된 집의
정갈한 토방에 아이들을 묵게 하면서 도심에서 발견하기 힘든 즐거움을 선사한다.

나중에 도모가 직접 말해 주었다.

"처음 농가에 오던 날, 짐을 풀 때 엄마라고 불러 버렸어."

그건 그렇고 장아찌와 나물이 얼마나 맛있던지 아이들도 잘 먹었고, 지금까지 내 기억에도 생생하다. 장아찌는 부모들 일곱 명이서 큰 접시로 두 개나 먹어치우고서도 한 접시 더 부탁했을 정도였다. 마사루 씨는 우리들과 이야기를 하면서도 부지런히 움직이며 눈 깜짝할 사이에 두릅나무 순으로 나물을 무쳐 주었다.

널찍한 다다미방에 여자 아이, 남자 아이 두 명씩, 멋진 책상과 옷장이 주어졌지만 아이들은 그것 말고도 몇 개나 되는 방을 굴러다니며 놀고 있었다. '우당탕 쿵탕' 뛰어다니는 말썽꾸러기들을 할머니가 가는 눈웃음을 지으며 바라보았다. 이런 농가에서 일 년이나 지내는 것이다. 우리는 더 이상 아무 것도 걱정할 필요가 없었다.

그날 밤은 센터에 농가 부모님 전원이 모여 시끌벅적한 잔치가 벌어졌다. 농가 아버지들은 술이 아주 셌는데 하나같이 산촌 유학과 마을의 미래에 대해 의논하며 때로는 멋진 노래로 밤 12시 너머까지 우리들과 술잔을 기울였다. 어머니들도 화통하고 따뜻한 분들로, 산촌 생활을 견디어 낸 사람답게 조용하지만 강인함이 엿보였다.

산촌 유학 보낸 아이를 그리워하며

입학식과 농가 방문, 두 번에 걸쳐 부모님들이 야사카에 오셨습니다. 그 때마다 눈물 어린 모습을 보이신 몇몇 어머니들이 계셨습니다. 그럴 때 부모 경험이 없는 저는 어떤 말씀을 드려야 할지 잘 몰라 그저 안절부절하지 못했습니다. 아이들 앞, 그리고 사람들 앞에서는 "한 번 맡긴 이상 각오가 되어 있다."며 아무렇지도 않게 말씀하시는 부모님일지라도 내심 걱정도 되시고 자식과는 한시도 떨어질래야 떨어질 수 없는 게 부모라는 것을 다시 한 번 절감합니다.

1학기는 특별한 사정이 없는 이상 아이들 만나실 기회가 더는 없습니다. 일 년째를 맞이하는 부모, 특히 어머니들은 바늘방석에 앉은 심경으로 매일 매일을 보낼지도 모르지만 지금까지 아이의 생활을 다시 한 번 바라볼 수 있는 좋은 기회가 될 것입니다.

도쿄로 돌아오고 나서 도착한 『메아리』 소식지에 야마모토 선생님이 쓰신 글이다.

5월, 6월, 7월, 여름방학을 맞이하여 아이들이 놀아올 때까지 우리들은 전화도 할 수 없다.

야사카에서 돌아오는 날, 사람들 없는 2층에서 저녁 때까지 함께 있자며 응석을 부리던 도모 얼굴이 아직도 눈에 선하다. 마중 나온 택

아이들과 산나물을 캐러 갔다가 불과 한 달 사이에 아이들이 산나물과 꽃
이름의 도사가 되어 버린 모습을 보고 깜짝 놀랐다. 맛있는 샘물에 감격하
고 떡방아까지 찧어 보며 지금까지 경험해 보지 못했던 끈끈한 정을 느낄
수 있었다.

시를 타는 나에게 휙 등을 돌리고는 더 이상 나오지 않던 도모였다. 지금쯤은 그런 일은 까맣게 잊어버리고 야사카의 가장 아름다운 계절을 맞이하고 있을 것이다.

그날, 5월 1일, 어머니들의 정성 어린 도시락을 가지고 아침 일찍 센터로 찾아온 아이들과 함께 산나물을 캐러 갔다. 말오줌나무 싹과 고추냉이, 마을 사람들이 '산두부'라 부르는 신기한 새싹들. 불과 한 달 사이에 아이들이 산나물과 꽃 이름의 도사가 되어 버린 모습이 그저 놀라울 뿐이었다.

"이쪽이야, 여기야." 하며 부모들은 아이들한테 끌려 다니며 맛있는 샘물에 감격하고 센터에서 떡방아까지 찧어 보며 지금까지 경험해 보지 못했던 부모자식의 끈끈한 정을 느낄 수 있었다.

이날은 후지 텔레비전에서 취재를 나와 돌아간 다음다음 날이어서, 농가 생활을 포함해 30분간 산촌 유학 이야기가 방송되었다.

"저런 산골에 아이를 보내 놓고 최고의 문명의 이기를 이용해 아이들 모습을 볼 수 있다니 참 좋은 세상이야."

친구가 이렇게 말해 주었지만 외로움은 생각지도 못한 곳에서 찾아오는 법이다. 친구들과 술을 마시러 가도 "아, 큰일이다. 내가 오늘 누구한테 아이를 맡겼더라?" 하는 등, 갑자기 도모 생각에 어찌할 바를 몰랐다.

일요일에 하루 종일 집에 있을 때는 집에서 아이 목소리가 들리지 않아 참기 힘든 기분이 든 적도 한두 번이 아니다. 나도 모르게 예전에 도모가 다니던 초등학교로 발걸음을 옮겨, 전에 도모랑 같은 반 친구였던 아이를 만나기도 했다. "도모는 언제 돌아와요?" 하는 질문을 받고 가슴이 메어지는 아픔을 겪으면서도 그래도 문득 기분이 편안해진 적도 있었고, 또 부모들이 서로 전화를 걸어 아이들 이야기를 하면서 울적한 기분을 푼 적도 있다.

"처음 일 년은 아는 사람들이 '애, 잘 지내?' 하고 물으면, '지금은 좀 바빠서요……' 하고 뛰어가면서 눈물을 훔친 적도 있었어요. 하지만 2년째 접어들면 더 이상 걱정할 마음도 없어져요."

6학년 여자 아이의 어머니가 말했다.

"우리는 처음 일 년째에는 몸져누웠다니까요."

외동딸을 둔 세리 엄마가 말했다.

"아이들이 형제라면 우리들은 무슨 사이지?"

부모끼리도 신기한 관계가 되어 때로는 함께 마시러 다니기도 하고 일할 때 도움을 받기도 했다.

어머니날과 아버지날에는 학교에서 쓴 듯한 편지가 오더니, 도모한테서 오는 편지도 서서히 끊어지기 시작했다. 하지만 이 두 통의 편지가 내 마음에 얼마나 힘이 되어 주었는지 모른다.

엄마에게
매일 매일 일하면서 잠도 조금밖에 못 자고 저를 야사카에 보내 주셔서 감사합니다. 집이랑 엄마 일이랑 고양이랑 여러 가지로 힘들겠지만 힘내세요. 저도 열심히 하겠습니다.

고양이는 어때요? 많이 컸나요? 새끼고양이를 낳으면 바로 알려 주세요.

몇 월, 며칠날 태어났는지도 알려 주세요.

그럼, 건강하세요. 안녕히 계세요.

5월 7일 토요일

항상 고마워요, 엄마.

아버지날 편지에는 "농가 엄마가 아빠 역할도 대신 해 주세요. 가끔 꿀밤도 먹어요."라고 쓰여 있었다. 여자 혼자 힘으로 한 집안을 꾸려 나가는 어머니. 농가 어머니 마사루 씨한테도 도모는 같은 것을 느꼈던 것일까?

자연에서 용솟음치는 '어린이 힘'

그건 그렇고 아이들은 어떻게 하고 있을까? 해마다 5월경에는 향수병을 이기지 못하고 탈출하는 아이들이 있다고 하는데 올해는 그런 일이 전혀 없었다고 한다.

"39명이라는 집단의 힘이랄까, 아니면 모임의 역동성이랄까? 너무 많지 않을까 걱정했는데 올해 아이들은 박력이 넘쳐요."

아오키 선생님이 말씀하셨다.

나가노 초등학교에서는 5월과 10월에 1주일 동안 농번기 방학이 있다. 5월은 원래 바쁜 농사를 돕기 위한 방학이지만 유학생들은 센터에 돌아와 어머니들의 일손을 덜어 주기로 하였다.

1주일간의 방학 동안 아이들은 된장을 담그고 써레질과 모내기를 하고, 산골 폐가에서 자급자족하는 생활을 했다. 티비에스 텔레비전 리포터의 세 번째 취재 방송이 있어서 우리는 아이들이 활동하는 모습을 텔레비전을 통해 살짝 엿볼 수 있었다. 논에서는 벌거숭이가 되어 서로 진흙을 던지고, 주어진 된장과 쌀만으로 자기들이 직접 찾아낸 두릅이며 고사리로 요리도 하면서 폐가 생활을 아주 멋지게 즐기고 있었다.

6월은 산머루와 자두 열매를 따러 돌아다니고, 7월에는 다카세 가와高瀨川에서 한 사람 한 사람씩 찬합 하나에 쌀 한 홉을 받아 자기 손

산촌 유학에서는 아이들이 나무를 모아 불을 피우고 직접 밥을 지어 먹는 일도 체험하게 한다. 자연 속에 남겨진 아이들은 처음에는 당황하고 슬퍼하지만 시간이 흐르면 점점 자연과 하나 되기 시작한다.

자연에서 잠잘 준비를 하는 아이들. 아이들을 자연 속에서 방목해 보는 것, 이것이 산촌 유학이다. 부모와 교사, 그리고 그 밖의 모든 사람들이 아이들에게 개입하는 것을 잠시 그만두는 것이다.

으로 불을 피워 밥을 지었다고 한다. 나무가 젖어 엄청나게 고생했지만 "내 손으로 지은 밥이 제일 맛있었다."며 아이들은 일기를 썼다.

'소다테루카이'가 발행하는 월간 교육 잡지 『소다테루』에 아오키 이사장의 이런 글이 실려 있었다.

아이들의 환경을 작심하고 한번 바꿔 보는 것, 이것이 산촌 유학의 기본 생각입니다. 태어나서 지금까지 계속 되고 있는 가족관계, 즉 부모자식, 형제자매, 그리고 친구 관계나 학교 관계, 도시화가 진행되는 사회 환경, 이런 인연을 일시적으로 끊고 자연 속에서 아이들을 키우며 살짝 방목해 보는 것, 이것이 산촌 유학입니다. 부모와 교사, 그리고 그 밖의 모든 사람들이 아이들에게 개입하는 것을 잠시 그만두어 보는 것입니다.
자연 속에서 홀로 가만히 남겨진 아이들은 처음에는 당황하고 때로는 슬퍼할 것입니다. 하지만 한 달, 두 달 그렇게 시간이 흐르다 보면 아이들 마음은 '자연'과 하나 되기 시작합니다. 자신의 생각과 자신의 의지로 행동을 일으킵니다. 그리고 이런 아이들을 제지하는 것은 아무 것도 없습니다. 아이들의 눈이 반짝이기 시작합니다.

홀로 된 아이들 안에서 용솟음치는 힘을 아오키 선생님은 '어린이 힘'이라 부르고 있었다.

최근 3개월 사이 도모의 일기에서 향수병을 느끼게 하는 표현은 없다. 싸움과 병으로 힘든 고비를 넘긴 적도 많았겠지만 자연과 단체의 든든한 힘이 그런 일을 날려 버려 주었을 것이다. 6월 12일 일기에, "오늘은 우리 진짜 엄마의 생일입니다." 하고 한 줄 쓰여 있는 것을 보고 가슴이 뜨거워졌다.

아이를 떼어 놓는 일에 망설임은 없었다.
하지만 지금 생각해 보면 역시 용기가 필요한 일이었다는 생각이 든다.
무슨 일이 일어날지 모르는 산촌에 살면서 산사태와 천둥번개,
위험한 동물과 맞닥뜨리는 일이 생길지도 모른다.
하지만 산촌 유학을 보낸 부모들은 결코 아이를 버린 것이 아니다.
아이의 한 시절을 산촌 유학이라는 거대한 자연의 손에 잠깐 인수인계한 것일 뿐이다.

여름, 4개월 만에 이렇게나?

도쿄는 시끄러워!

돌아왔다! 아이들이 돌아왔다!

7월 30일 저녁 7시경, 신주쿠역 광장에 아이들은 하나같이 커다란 가방을 짊어지고 새까만 얼굴로 나타났다. 일찍부터 나와서 기다리고 있던 부모들은 금방이라도 넘어질 듯 그리운 아이들에게 달려갔다.

키가 커졌다! 원래부터 큰 아이도 있었지만 완전히 소년다운 탄탄한 몸으로 변해 도저히 2학년으로는 보이지 않는다. 게다가 신노스케도 도모도 탱글탱글한 까까머리다. 오늘 아침 농가를 나설 때 엄마가 밀어 주었다고 한다. 입학식 때 울고 있던 요헤이의 터질 것 같은 웃는 얼굴이 눈부셨다. 요헤이는 2학년 친구들 가운데 유일한 수영의 달인이라고 한다.

"머리가 지끈거릴 정도로 무거웠어."

하며 도모는 가방을 내려놓았다.

"감자랑 호박, 오이, 토마토도 가져왔어. 그리고 도쿄 물은 맛없잖아, 자 여기."

하며 농가 뒤에 있는 샘물을 길어 왔다며 꺼내 주는 물통이 묵직하게 다가왔다.

"냉장고에 넣어서 차게 해서 마시면 진짜 맛있어요, 엄마. 엄마한테 주는 선물이니까 아껴 드세요."

그리고 이나바 씨 가족들과 함께 초밥을 배터지게 먹고 롯본기에
도착한 도모가 내뱉은 첫마디는 이랬다.

"우와, 도쿄가 엄청 시끄럽네. 야사카의 밤은 고요한데. 별이 겹쳐
져 있어."

"어? 우리 집이 이렇게 좁았나?"

방에 들어서며 던진 도모의 첫 마디였다.

그리고는 고양이랑 평소 친하게 지내던 이웃들과 다시 만난 것이
정말 반가웠는지 밤늦게까지 들떠서는 쉽게 잠들지 못했다. 내일은
○○한테 전화해야지, 저기도 가 봐야 되고, 거기도 가고 싶은데, 하며
기분은 이미 도쿄 아이였다.

야사카의 여름방학은 짧다. 16일 후에는 돌아가야 된다. 나 또한
잠자기에는 너무나 아까운 밤이었다.

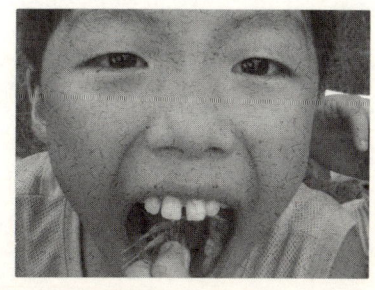

자연의 기운을 받은 아이는 하루가 다르게 부
쩍 자랐다. 짧은 여름방학을 보내기 위해 집으
로 돌아온 도모는 말했다. "우와, 도쿄가 엄청
시끄럽네. 야사카의 밤은 고요한데. 별이 겹쳐
져 있어."

4개월 만에 이렇게 변하다니!

드디어 날이 밝아 버렸다. 부탁받은 원고 마감이 코앞에 닥친데다가 도모가 잠들고 나서야 일어나 고군분투하며 일하다 보니 밤을 새우고 말았다. 큰일이다. 빨리 하지 않으면 도모가 일어난다. 어제 밤 늦게까지 잠도 설치고 도쿄에 오느라 피곤해서 오늘은 늦잠 자겠지, 생각한 순간 뒤에서 도모의 목소리가 들렸다.

"엄마, 또 밤 샜어? 잠 안 자면 몸에 해로워요."

6시 15분. 야사카의 기상 시간과 별로 다를 것 없는 시간이다. 하지만 수면 부족이나 피곤 같은 것은 눈곱만큼도 안 보인다. 아주 상큼한 얼굴이다.

아차! 싶었지만 이미 늦었다. 도모가 도쿄에 있는 동안은 밤샘을 한 뒤 파리한 얼굴을 보여 주고 싶지 않았건만.

"엄마, 빵 없어요? 제가 아침할 테니까 좀 주무세요."

냉장고를 뒤지며 도모가 말했다. 야사카에 가기 전부터 『일요일 아침 밥상』이라는 어린이 요리책을 보며 무언가를 만들던 아이였지만, 이 얼마나 반가운 말인가!

빵가게 아저씨도 벌써 일어났을 거라며 도모가 나간 사이, 드디어 원고를 마치고 꾸벅꾸벅 졸고 있는 동안에 부엌에서 맛있는 냄새가 술솔 풍겨 왔다. 음식을 태웠는지 연기가 모락모락 피어오르는 모습이 보였다.

"베이컨이랑 참치랑 오이도 넣었으니까, 뜨거울 때 먹는 게 맛있을 거야."

식탁에는 검게 탄 커다란 오믈렛이 반씩 놓인 접시와 토마토, 그리고 오렌지주스까지 차려져 있었다. 오믈렛은 생각보다 맛있었다. 도모의 취향으로 버터를 먼저 바르고 나서 구운 토스트도 버터가 잘 스며들어 맛있었다.

그건 그렇고 딱 4개월인데 이 얼마나 놀라운 변화인가! 자고 나서 벗어 놓은 파자마도 개켜져 있고, 식사를 마치자 "잘 먹었습니다." 인사를 한 뒤 바로 접시를 싱크대로 옮겼다.

"가사 도우미 일정표를 만들어야 돼."

하더니 책상에 앉아 1주일간의 일정표를 써 내려 갔다. "월요일 현관 청소, 도모. 고양이 밥, 엄마" 하는 식으로 꼼꼼하게 하나씩 적어 내려갔다. 도통 피곤한 걸 모르다니, 그저 놀라울 따름이다.

아침 9시. 형제처럼 사이좋게 지내던 유지悠治가 수영장에 갔다는 말을 듣고는 자기도 가겠다고 나섰다. 도모는 진구우神宮 수영장에서 장장 3시간 동안 단 5분도 쉬지 않고 계속 수영을 했다. 그러고 보니 예전에 야사카 초등학교 통지표에 "자유형 250미터, 평형 200미터를 수영했습니다."라고 적혀 있어 깜짝 놀란 적이 있는데 실제로 도모는 엄청난 괴력의 수영 실력을 보여 주었다. 아자부 초등학교에서는 25미터 수준에 지나지 않았는데 말이다.

고작 25미터밖에 수영하지 못했던 아이가 산촌 유학을 다녀온 뒤로 실력이
부쩍 늘었다. 놀면서 배우다 보니 도통 피곤한 걸 모르게 된 모양이다. 버
스를 타려는 엄마에게 도모가 말한다.
"엄마, 이 정도는 걸어야 돼."

오후에 유지 집에서 돌아갈 때 버스를 타려고 하자 도모가 말했다.

"엄마, 이 정도는 걸어야 돼. 야사카에서는 매일 매일 이것보다 훨씬 많이 걷는데."

센다가야千駄ケ谷에서 아자부다이麻布台. 버스를 갈아타야 하는 거리다. 짐이 무거워서 싫다는 내 손에서 가방을 빼앗듯이 낚아 채고는 "이 정도야 가볍지." 하며 앞으로 뚜벅뚜벅 걸어 나갔다. 예전에는 같이 걸으면 작은 가방조차 나한테 밀었는데 말이다.

저녁밥을 먹은 후 설거지를 돕고 접시의 물기도 닦아 주었다.

"나 접시 잘 닦아. 농가 엄마가 나한테 부탁하면 안심해도 된다고 그랬어."

하고 말하는 도모의 얼굴에 자랑스러움이 가득하다.

불과 4개월인데 이렇게 자연스럽게 야사카의 생활이 몸에 배인 모습에 안심인지 감동인지 모를 묘한 기분이 가슴으로 퍼져 나갔다.

작심삼일의 야사카 생활

하지만 이것도 며칠 못 갔다. 파자마는 물론이고 옷을 갈아입은 후에도 여기저기 던져 놓고 이리 뒹굴 저리 뒹굴 거리며 텔레비전에 붙어살거나 아니면 만화책에 빠졌다.

"좀 도와줄래?"

도움을 청해도,

"응, 지금 할게."

"금방 할 거야."

그러면서 입만 움직일 뿐 도대체 몸을 움직일 줄을 몰랐다. 자기가 스스로 정한 현관 청소도 몇 번 하다가 그치고 짐도 나한테 맡기게 되었다. 그러나 한 가지, 기상 시간은 완전히 습관이 되어 있어서 밤늦게까지 잠들 줄을 몰라도 아침 일찍 일어나곤 했다. 야사카의 생활 적응도 빨랐지만 원래 자리로 돌아가는 속도도 놀라울 정도로 빨랐다. 하지만 생각해 보면 이것도 부모 탓일지 모른다. 나 자신이 정리정돈이 엉성한 엄마이기 때문이다. 그런 주제에 끊임없이 잔소리를 해댔다. 결국에는 내 손으로 정리해 주면서 말이다.

아침에는 아이가 깨워도 "조금만, 조금만 더 잘게." 하고는 항상 잠들어 버리고, 밤에는 밤대로 늦다 보니까 밤샘을 하는 일이 허다했다. 내가 회사에 가 있는 동안 도모가 먹을 수 있도록 점심을 준비해 놓은 것도 손가락에 꼽을 수 있을 정도였다. 간식은 아예 아이한테 맡기고 점심 대부분은 돈을 주어 패스트푸드나 집 근처 우동 가게에 가서 먹게 하는 일이 허다했으니, 규칙적인 생활과는 거리가 먼 일상이었다.

'소다테루카이'에서 온 통신에도 이렇게 쓰여 있었다.

"부디 야사카에서의 생활을 잊지 않도록 부탁한다."

지금 생각해 보면 나는 얼굴도 들기 힘든 엄마였다.

동요하는 부모들

16일간의 여름방학이 눈 깜짝할 사이에 지나갔다. 내가 없는 날에는 아동보육센터에 가거나 친구들 집에 놀러가고, 일요일에는 할아버지네, 친척집을 돌아다니느라 바빴다. 마침내 얻게 된 내 여름휴가 때는 디즈니랜드에 다녀온 후 친구가 빌려 준 야마나시山梨에 있는 별장으로 놀러 갔다.

2학년 엄마들이 이렇게 말했다.

"방학이 16일라 해도 생각보다 짧고 애들하고 느긋하게 이야기를 나눌 시간조차 없을 거예요."

정말 그대로였다. 부모는 야사카에서 지낸 이야기가 듣고 싶어서 이런 저런 빌미 끝에 말을 붙여 보지만 아이들은 생각했던 것보다 별로 이야기를 하고 싶지 않아 했다. 말도 꺼내기 싫을 만큼 힘들었던 건 아닐까, 생각했지만 막상,

"야사카 생활 재미있어?"

하고 물어보면,

"즐거운 정도가 아니지!"

하며 제법 건방진 대답이 돌아왔다. 도모한테는 두말할 필요가 없을 정도로 당연한 생활이 된 것일까?

정말 흐뭇했던 것은 같은 농가에서 지내는 이나바 신노스케와의

관계다. 여름방학이 끝나 갈 무렵 신노스케가 우리 집에 자러 왔는데, 헤어지기가 싫었는지 다음 날 도모가 그 아이의 집까지 바래다 주고는 내친 김에 그 집에서 잤다. 그리고 다시 다음날 아침, 신노스케가 도모를 집까지 바래다 주고 돌아가지 않았다. 그런 두 아이 모습을 보면서 신노스케의 어머니 케이코 씨와 전화 통화를 하면서 기뻐하면서도 한편으로는 얼마나 웃었는지 모른다.

그리고 8월 16일, 신주쿠역에 모여든 아이들은 모두들 바쁜 듯 서둘러 가 버리고 말았다. 작별 인사를 건네는 엄마, 아빠 얼굴도 보려하지 않고 "자, 그럼 갈게." 하고는 깔끔하게 떠나 버렸다. 애들을 보내고 난 부모들은 근처 찻집에 모여 여름방학 중에 있었던 이런저런 일을 이야기했다. 도모처럼 작심삼일에 그친 아이들도 많았지만,

"듬직하고 차분해졌다."

"이쪽에서 부탁을 하면 일단은 들어 주게 되었다."

"예전에는 자기 하고 싶은 대로만 했는데 안 하게 되었다."

라며 성과도 제각각이었다.

산촌 유학의 의미를 서로 확인하는 계기도 되었지만 꼭 그렇지만도 않은 일도 있었다. 여자 아이들 사이에는 좀 문제가 있었다고 한다. 여자 아이 세 명이 무리를 이루면, 그 가운데 두 명만 사이가 좋게 되고 한 명은 왕따를 당하는 일이 생긴다고 했다. 자기 과시욕이 강한 아이가 있으면 다른 사람들의 주목을 받기 위해 다른 두 아이가 잘 지내는 것을 두고 보지 않았다.

도모에게 "야사카 생활 재미있어?" 하고 물어보면, "즐거운 정도가 아니지!" 하며 제법 건방지게 대답했다. 두말할 필요가 없을 정도로 당연한 생활이 된 것일까? 여름방학 때 돌아온 아이는 듬직하고 차분해졌다. 야사카 마을에서 몸에 밴 좋은 습성들은 도시의 편한 생활에서 금방 사라지기도 했지만, 활기차고 밝게 성장하고 있다는 것을 확인할 수 있었다.

나 역시 어릴 적에 언니나 학교 친구들 사이에서도 그런 일이 있었던 걸 생각해 보면 야사카의 자매 관계에서도 당연히 일어날 수 있는 일이었다. 아이들의 순응력이 놀랍다고는 하지만 환경도 성장 과정도 전혀 다른 아이들이 태어나서 처음 보는 사람들을 "엄마, 아빠"라 부르고 일 년 동안 형제자매처럼 지내니 말이다.

어떤 아이가 소중하게 간직하던 물건을 누군가가 숨기는 바람에 사라진 일도 있었다고 했다. 그런데 그 물건이 다른 아이 소지품에서 발견되었다. 하지만 전혀 기억에 없는 그 아이는 큰 상처를 받고 "더 이상 있고 싶지 않다, 집에 가고 싶다."며 엄마에게 편지를 썼다. 그 사건은 학교까지 파급되어 산촌 유학생들 사이에 문제가 된 일도 있었다고 한다.

함께 사는 아이와 마음이 안 맞아 여름방학에 울면서 돌아가기를 거부하던 아이도 있었다고 한다. 9월에 야사카를 방문했을 때는 다른 누구보다 재미있게 지내던 아이였는데 말이다.

물론 여자 아이들뿐만이 아니다. 참고 지내야 하는 생활을 하다 보니 그 탈출구로 약한 아이를 괴롭히는 남자 아이들도 없지 않았다고 한다. 하지만 아이들은 그런 일을 부모한테는 말하지 않았다. 그러나 야사카 생활이 어떤지 알고 싶어 안달이 난 부모들은 이리저리 찔러 보다가 어쩌다 한 마디 새어 나온 말에 기가 질려 버리고 말았다.

"그러다가 언덕에서 밀어 버리는 건 아닐까? 다치면 어떡하지?"

그런 걱정에 부모들끼리 전화를 걸어 정보 교환을 하면서 패닉 상태에 빠진 적도 있었다고 한다.

"아이가 몇 번이고 장문의 편지를 보내 와 나도 같이 고민해야만 했어요. 그래도 답장을 보낼 때는 너도 친구들한테 잘못한 점이 있으니까 그런 일이 일어난 거 아니냐, 하고 보냈지요. 사실 그것도 아이한테는 가혹한 일이었어요."

어떤 여자 아이의 엄마가 말했다.

여름방학은 부모들에게 다시 한 번 산촌 유학의 의미를 돌아보게 만드는 시기이기도 했다.

우리가 아이들을 버린 것일까?

짧다고는 하지만 여름방학을 함께 지내고 나면 아이들이 사라진 뒤의 허전함은 이루 말할 수가 없다. 아이들 보내고 나서 한숨 돌릴 수 있게 된 것도 사실이지만, 어리광 부리며 치마꼬리 붙잡던 아이의 감촉이 생각나면 참을 수가 없다. 도모가 부탁하고 간 고양이들조차 없었다면 그것을 어떻게 견뎌 냈을까?

그러다가 문득 오랫동안 만나지 못했던 대학 시절 친구에게 전화를 걸었다. 하지만 오랜만에 들은 친구 목소리는 냉정했다.

"어쩜 그렇게 어린아이를 2년, 3년씩이나 떼어 놓을 수 있니? 물론 너 같은 경우에는 애 아빠도 없으니까 어차피 다른 곳에 맡겨야 되겠지만 말이야."

산촌 유학을 결정한 이후 이런 말을 얼마나 많이 들었는지 모른다. 그래도 티비에스 텔레비전에서 아이들의 생활을 본 사람들과 여름방학에 도모를 만나 본 사람들에게 "정말 잘 보냈다. 네가 그곳에 보낸 게 정답인거 같아.", "도모 얼굴이 달라졌어. 도모한테 산촌 유학이 잘 맞나 봐." 하는 말을 들으며 마음을 잡고 있었는데 친구가 던진 이 한마디는 내 가슴을 후벼 팠다.

이 친구는 외동아들을 지나친 사랑으로 키우고 있었는데, 무언가 도리에 어긋나는 일이 있으면 그것이 자기 자식이 아니더라도 눈물이

날 만큼 호되게 야단치는 그런 완벽한 성격의 소유자였다.

"5학년이나 6학년이라면 좀 이해가 가지만 그런 어린 아이는 부모가 돌봐 줘야 되는 거 아니니? 나는 우리 애가 유치원 때 아이 선생님한테, 아이가 집에 돌아왔을 때 엄마가 '잘 갔다 왔니?' 하고 반겨 주는 것이 아이들한테는 제일 행복하다는 말을 듣고부터 그것만큼은 지켜왔어. 너는 그렇다 치더라도 멀쩡하게 엄마, 아빠가 다 있는 사람이 자기 자식을 다른 사람한테 맡기다니 나는 이해하기 어려워."

유학생들에게 편부모는 비교적 적은 편이다. 방문일에는 엄마, 아빠가 같이 오는 사람들이 많고, 나는 그들한테서 다른 부모들 보다 더 깊은 애정을 느낄 수 있었다.

예전에 나를 예뻐해 주시던 노인한테도 "그런 어린아이를…." 이라며, 같은 말을 들은 적이 있다. 안 좋은 일을 겪고 십여 년 만에 전화를 드렸을 때, 이분은 전화 저편에서 나를 심하게 야단쳤다.

"도대체 넌 엄마가 되어서 어떻게 그러니? 자기가 키우지도 못하면서 왜 아이를 낳은 거야!"

'아니, 그게 아니에요…….'

마음속으로 몇 번이고 말하면서도 아무 말도 못 하고 전화를 끊고 난 뒤에는 맥이 빠지고 말았다.

유학생 부모들은 누구나 이런 일을 경험한다. 특히 귀여운 손자손녀들과 떼어 놓아야 하는 할아버지, 할머니들의 반대는 엄청나다.

"어린 것이 불쌍하기도 하지, 지금쯤은 아마……. 말 그대로 바늘방석이 따로 없어요. 친정엄마까지 전화로 야단친다니까요."

시어머니를 모시고 사는 엄마가 말했다. 할아버지, 할머니가 같이 오는 가족들도 꽤 있었다. 하지만 아무리 반대가 심한 사람들이라도 한 번 야사카에 오면 오히려 열렬한 후원자가 된다고 한다.

내 경우에는 아이를 떼어 놓는 일에 망설임은 없었다. 하지만 지금 생각해 보면 역시 용기가 필요한 일이었다는 생각이 든다. 무슨 일이 일어날지 모르는 산촌에 살면서 산사태와 천둥번개, 위험한 동물과 맞닥뜨릴지도 모른다. 그러고 보니 올해 6월에 살무사한테 물린 아이도 있었다. 15센티미터 정도 되는 작은 뱀이라 바로 응급조치를 취해 황천행을 면했지만 말이다.(나중에 알고 보니 이 아이는 살무사 술을 담그려고 했다가 자기가 잡은 뱀에게 물린 것이었다.)

우리는 결코 아이를 버린 것이 아니다. 아이의 한 시절을 야사카라는 거대한 자연의 손에 잠깐 인수인계한 것일 뿐이다.

자연은 정보를 강요하지 않는다. 어떤 정보를 어떻게 받아들이든지
자유이며, 아이의 자유로운 선택에 맡긴다. 자연과 알맞게 접촉한 아이는
그 아이가 어떤 아이든지간에 모두들 생생하게 살아 움직일 수 있는
까닭도 바로 여기에 있다.

가을, 마음의 수확, 노동의 수확

맨발의 운동회

초등학교 교정에 만국기가 걸렸다. 하얀 금이 그어지고 텐트가 쳐지고 입장식과 퇴장식에 쓰일 귀여운 문이 만들어졌다.

9월 18일, 며칠째 계속해서 내리던 비를 생각하면 말 그대로 '신의 축복'이라고 할 만한 맑은 날씨였다. 8월에 신주쿠역에서 배웅한 후 한 달 만에 아이들과 만나는 자리였다.

빨간 모자 줄에 선 도모가 보였다. 그 사이 또 키가 훌쩍 컸다. 갈색으로 반짝반짝 그을린 피부와 얼굴도 예전보다 훨씬 선이 살아난 것 같은 생각이 들었다.

마을 사람들 속에 농가 어머니들이 있었다. 부모들은 아이들보다 먼저 농가 어머니들에게로 달려갔다. 도모의 어머니인 가츠노 마사루 씨는 늘 하던 대로, 눈이 보이지 않을 정도로 웃는 얼굴로 반겨 주었다.

"아이들이 매일같이 열심히 연습했어요, 예쁘게 봐 주세요."

4월에 왔을 때와는 달리 우리 아이뿐만 아니라 다른 아이들도 하나같이 반갑다.

"아줌마, 저기 있잖아요……."

하면서 부드러운 오사카 사투리를 쓰며 다가온 이리에 케이코 양, 그리고 "와, 아줌마, 무지 젊어 보여요."라며 운동복으로 깔끔하게 단장한 이나바 씨를 놀리는 말괄량이 사토유코佐藤裕子 양, 도모의 형제인 신노스케 군의 수줍게 웃는 얼굴.

운동회가 시작되었다. 줄지어 선 아이들의 맨발이 눈부시다. 잔돌 하나 없이 깨끗하게 정리된 흙이 기분 좋게 느껴져 우리들조차도 운동화를 벗어 던지고 싶게 만들었다.

맨발이 달린다. 맨발이 춤춘다. 참으로 멋진 북과 피리 행렬이 교정을 수놓았다. 마을 아이도 도시 아이도 없었다. 전교생이라고 해 봐야 고작 65명이니 모든 종목이 1학년부터 3학년까지 합동으로 해야 하고, 이어 달리기는 전원이 참가해야 한다. 전교생이 여섯 개 종목 참가를 해야 하는데다가 오전과 오후 청백 대항으로 하는 응원전이 있어서 아이들은 자리에 있을 시간이 없다. 도쿄에 있는 학교였다면 일부 종목에만 참가하고, 그나마 나가도 부모들은 자기 아이가 어디에 있는지 모습조차 보기 힘들었을 것이다.

그중에서도 부모들을 감격시킨 것은 교내 방송이었다. 마이크를 잡은 선생님이 학생들 한 명 한 명의 이름을 부르며 응원했다.

"선두는 요헤이, 이어서 도시오, 다른 때보다 더 빠른데! 거기 다케토, 마지막까지 잘 해야 돼, 좋았어! 그대로 가는 거야, 조금만 더 가면 돼. 힘내라 힘!"

1학년 때 도모는 기관지염으로 운동회 참가를 못 했으니까 우리 모자에게는 이번이 첫 번째 운동회이다. 마을 소방관의 핫피(전통 조끼)를 입고 달리는 경주에서는 도모가 일등을 했다. 목이 터져라 응원하

산촌 유학 운동회는 부모들한테도 바쁜 운동회였다. 학부모들의 종목인 줄다리기에 아이들과 함께 콩 주머니 던지기, 박 터트리기 등 허리가 아플 정도로 달리고 힘을 썼다. 말 그대로 모든 사람들의 몸과 마음이 하나가 된 운동회였다.

도쿄의 학교였다면 아이들이 너무 많아서 부모들은 자기 아이가 어디에 있는지 모습조차 보기도 힘들었을 것이다. 작은 학교 운동회는 교내 방송에서 마이크를 잡은 선생님이 학생 한 명 한 명의 이름을 부르며 응원했다.

면서 눈물이 핑 돌았다. 오래 동안 꿈꾸던 산촌 유학을 하게 되고, 지금 나는 이 야사카에서 아이의 운동회를 보고 있는 것이다.

"도쿄 같았으면 우리 애는 저런 일을 꿈도 꾸지 못했을 거예요."

백팀 응원단장을 맡은 6학년 이토 마사키伊藤正樹 군의 어머니가 감회에 젖은 목소리로 말했다.

"어머나, 저기 보세요. 우리 애가 멋진 역할을 하고 있어요!"

전체 종목인 봉체조에서 단상에 올라 지휘를 하는 미야카와 유우 군의 어머니가 열광적인 목소리로 외쳤다. 옛날에 우리가 후쿠시마에 있는 시골로 내려갔을 때, 도시에서 온 아이들은 아무리 잘해도 학급 임원이 될 수 없다며 우리 오빠가 억울해했는데 말이다.

우리 부모들한테도 바쁜 운동회였다. 학부모들의 종목인 줄다리기에 아이들과 함께 콩 주머니 던지기, 박 터트리기 등 허리가 아플 정도로 달리고 힘을 썼다. 말 그대로 모든 사람들의 몸과 마음이 하나가 된 운동회였다.

월요일 아침, 학교를 쉬는 아이들이 이른 아침부터 마중 나왔다. 이날은 도모가 사는 키리쿠보切久保 부락의 마을 축제가 열리는 날이다. 밤에는 연극도 하고, 아이들은 용돈을 받을 수 있다며 즐거워했다.

"밤까지 있어, 엄마 응? 부탁이야."

도모가 매달렸지만 다음날 아침 일찍부터 일이 있는 나는 오후에는 돌아가지 않으면 안 되었다.

도모의 안내로 신사에 가자 엄마들이 제단 준비를 하고 있었다. 아이들이 재배한 양배추를 꼭 가져가라는 당부의 말에 농가로 갔다. 도모의 집에는 유일한 중학교 3학년인 나카자와 요시키中澤芳樹 군이 있었다. 중학생은 한 달 정도 늦게 농가에 들어온다고 한다. 나카자와 군은 내성적인 아이였지만 아무리 힘든 노동에도 묵묵히 일하며, 어린 동생들을 잘 돌보아 유학생들에게 행동으로 모범을 보여 주는 아주 훌륭한 리더였다.

"모두들 오빠가 와 있을지 모른다고 했는데, 정말로 오빠가 왔네."

유키가 기뻐하며 말했다. 도모, 신노스케라는 말썽꾸러기 두 명과 다른 사람들과는 말을 잘 안 하는 요코를 상대로 부단히 애써 오던 유키도 무거운 짐을 내려놓았을 것이다.

야사카의 가을은 풍성하다. 버섯에 나무 열매, 벼 베기가 기다린다. 교내 음악회가 열리고 수확제가 열리고, 아이들은 앞으로 풍성한 가을을 맞이할 것이다.

버리기 힘든 욕심

야사카 마을에서 기묘한 것이 유행하고 있었다. 아이들이 사 달라고 편지를 보내 오는지 "혹시 체-링이나 체이링이라는 거 알아요? 댁은 보냈어요?" 하는 전화가 계속 걸려 왔다. 지혜링? 지혜의 반지라는 뜻인가, 뭐지?

"농가 엄마가 다른 일로 전화를 걸어 왔는데, 그때 같이 사도 되는지 여쭤 보시더라고요. 300엔(한화 3,000원 정도) 정도라고 하기에 그러시라고는 했는데……."

같은 농가에 사는 신노스케의 어머니가 말했다.

"그거예요. 운동회 다음날 열린 '마을' 축제에서 팔았던 건데, 반 정도 되는 아이들이 못 사서 아이들이 갖고 싶어 안달이 났다고 하던데요. 도대체 그런 걸 어디에 쓰려는 거지?"

운동회 다음날 저녁 늦게까지 남아 있던 소토오外尾 씨가 말했다.

맞다. 야사카에서는 일체 돈을 못 가지고 다니게 하는데 그날 아이들은 처음 용돈으로 500엔(한화 5,000원 정도)을 받았다.

체링이 무엇인지는 10월 중순, 마을 운동회를 보러 갔을 때 알았다. 이날은 마을 운동장에 마을 사람들이 전부 모여 지구 대항으로 운동을 즐겼다. 운동장에는 어묵과 꼬치구이, 과자와 컵라면 등을 파는 포장마차들이 즐비하게 늘어서고, 아이들은 또 다시 용돈을 받아 기분이 들떠 있었다.

　놀랍게도 아이들이 운동회는 뒷전으로 미루고 몰려들었던 것은 컵라면. 큰 냄비에 담긴 뜨거운 물 앞에 유학생들이 모여 걸신들린 듯이 먹고 있었다. 농가 엄마들이 이날만큼은 맛있는 것을 준비해 주었는데 말이다.

　내가 대회장에서 도모를 만났을 때 제일 먼저 꺼낸 말이 체링이었다. 농가 엄마가 결국은 사 주지 않았는지, 엄마가 오지 않은 신노스케조차 나한테 매달렸다. 그런데 자동차로 온 유키 아빠가 오오마치에서 사 와 농가에 갖다 놓았다는 말을 들은 두 아이는 뛸 듯이 기쁜 얼굴을 하였다. 운동회가 끝나고 돌아가는 길에 신노스케는 가끔씩 멈추어 서서는 "아아, 체링……." 하며 한숨을 내쉬었다.

　알고 보니 별 거 아니었다. 체링은 여자 아이들이 체인 링을 연결해서 목걸이를 만드는, 색색깔로 된 작은 플라스틱 반지였다.

　도쿄에 있으면 쳐다보지도 않을 물건을 간식도 나 몰라라, 하고 다들 열중하고 있었다. 똑같은 빛깔을 연결하여 작은 원으로 만들어 그것을 손으로 공기 돌처럼 가지고 놀았다. 가지고 있던 사람에게 빌려 연습을 했는지 두 사람 다 손놀림이 능숙했다.

　무슨 특별한 규칙을 정해 가지고 노는지, 이 체링 열기는 중학생한테까지 파급되어 센터 활동에 지장을 주기에 이르렀다. 용건이 있어도 "금방 할게요.", "조금만 더요. 곧 끝나요." 하며 아이들 움직임이 둔해져 결국 선생님들도 금지령을 내렸다고 한다. 하지만 이 놀이는 마을 아이들은 거의 하지 않는, 유학생들 사이에서만 유행한 놀이였다고 한다.

"일종의 붐이었던 거죠. 감촉이라든가 빛깔이 아이들의 무언가를 건드렸던 것이죠. 해마다 이런 일이 일어나기는 하는데, 이렇게까지 심하게 밀물처럼 퍼졌던 일도 없었던 거 같습니다."

나중에 아오키 선생님이 말씀하셨다.

장기와 트럼프 등 밤에 함께 모여 놀 수 있는 것은 좋지만 장난감이나 만화는 원칙적으로 못 가지고 가게 되어 있다. 물건과 정보에서 일시적이나마 아이들을 단절시켜 대자연 속에 방목하는 것이 산촌 유학의 목적이기 때문이다.

그런데 물건에 관한 한 이 한적한 마을에서도 도시화가 진행되고 있었다. 자동차로 20분 거리에 있는 오오마치에 나가면 도시에 있는 것은 거의 다 있는 커다란 슈퍼가 있고, 마을 아이한테 최신 게임과 인기 만화를 부모들이 사 주고 있었다.

어느 날 센터에 마을 아이를 초대하자 대부분의 아이들이 게임기를 가지고 있었다. 유학생들이 이것을 빼앗듯이 빌려 완전히 상황이 역전되었다고 한다. 처음에는 자연의 신기함에 열중했던 아이들도 물건에 대한 욕심은 끊기가 힘들었던 모양이다. 그런 마음이 폭발한 것이 바로 체링이었던 것일까?

아이들은 무언가 이유만 있으면 부모한테 편지를 써서 사 달라고 하고, 부모들도 이 정도라면, 하는 마음에 보내 주게 된다. 한 여자 아이가 봉제 인형을 갖자 여자 아이들 부모에게 인형을 보내 달라는 편지가 쇄도했다고 한다.

'초로 큐'라는 작은 장난감 자동차를 짐 속에 숨겨 들어온 아이도 있었는데, 나도 도모가 세 번째 편지를 보냈을 때 운동화를 보내면서 같이 보내고 말았다. 하지만 나중에 이것도 작은 붐이 되었다는 말을 듣고 반성했다.

아이를 망치는 것은 언제나 부모 쪽이다. 체링도 사 주지 않은 것이 좋았을까? 그래도 아이들은 축제일로부터 한 달 반, 꾸준히 기다려 결국은 사게 되는 기쁨을 체험했다. 그 사이에 가지지 못했던 분함도, 빌려 쓴 기쁨도 알았을 것이다. 그렇다고는 하지만 아이들과 물건의 관계를 다시 한 번 생각하게 만든 사건이었다.

정리정돈은 빵점

　자식을 다른 사람에게 맡기는 일은 자기 속옷을 그대로 보여 주는 것이나 마찬가지다. 사람들은 아이를 통해 보이지 않는 부모의 생활을 엿보게 된다.

　야사카에서는 한 달에 1주일은 농가에서 필요한 물건을 가지고 와서 센터에서 생활하며 여기에서 통학하게 되는데, 정리정돈 못 하는 데는 언제나 도모가 선두였다. 농가나 센터에서 도모의 방을 들여다보았을 때 무척이나 어지러웠다. 아직 2학년이고 다른 점에서는 무엇이든지 열심히 하는 아이였기 때문에, "거기에 정리정돈까지 잘하면 지나치다."며 지도 교사가 위로해 주었지만 내 생활을 생각하니 얼굴에 불이 나는 것 같았다. 그래도 신경질적으로 정리정돈을 잘하는 엄마의 아이가 더 심하기도 하고, 중학생인데도 도모와 견줄 정도로 정리정돈을 못 하는 아이도 있다고 한다.

　아이들이 농가에 있는 동안 선생님들은 한 집 한 집 돌아다니며 아이들의 생활을 체크하여 도쿄에서 열린 부모 간담회에서 보고한 적이 있다.

　"세수라든가 양치질 등 열 개 항목에 대해 아이들에게 동그라미표와 곱하기표를 하도록 시켰는데 남자 아이들일수록 자신 있게 곱하기표라고 대답했습니다."라고 아오키 선생님이 웃으며 말씀하셨다.

일본의 산촌 유학 센터 전경. 아이들은 자기
물건을 스스로 챙기고 정리한다. 인사나 청
소 등 생활을 바로 하는 것이나 제 방을 스스
로 정리정돈 하는 것 역시 아이들에게는 좋
은 배움이다.

"아이들이 하나같이 기본적인 생활 훈련이 안 되어 있다는 사실이 놀라울 따름입니다. 산촌 유학은 야생 교육은 고사하고 먼저 생활 훈련의 장이 아닌지 고민했을 정도입니다. 부모님들도 아이들이 돌아왔을 때 제대로 생활할 수 있도록 잘 돌봐 주시기 바랍니다."
라는 엄한 통고를 받았다. 이것은 학교에서도 자주 듣는 말로 인사, 정리정돈, 청소하는 법 등 생활면에서 마을 아이들 쪽이 제대로 되어 있다고 한다.

매달 보내오는 생활 기록 『산울림』에서도 지도해 주시는 야마모토 선생님이 부모들에게 하는 당부의 말이 들어 있곤 했다. 예들 들면 목욕탕 사용법이다.

센터에서 아이들이 목욕탕에 들어가면 항상 탈의실 바닥이 물로 질퍽해진다. 발을 잘 훔치지 않아서 그런 거라고 생각했는데 그게 아니었다. 아이들은 젖은 채 그대로 나와 바로 수건으로 몸을 닦았다. 탕 안에서는 절대로 몸을 닦지 않는다. 닦지 않으려는 게 아니라 닦는 법을 모르는 것 같았다. 엄마들이 제대로 된 목욕탕 사용법을 가르치지 않은 것일까?

지금은 대부분 집에 목욕탕이 있지만 아파트에서는 탈의 장소가 따로 없는 것도 이유일 것이다. 우리 집도 그러다 보니 세탁기 위에 수건과 갈아입을 옷이 같이 놓여 있다. 함께 들어갈 때는 내가 씻어 주지만 혼자서 할 때는 어떻게 하고 있는지 확인하지 않았다. 젖은 수건과 벗은 옷 처리도 내가 하고 있었다.

이런 일은 유학생뿐만이 아니다. 2백 명 이상 되는 아이들을 맡는 봄·여름·겨울의 단기 유학 행사에서도 기본 훈련 부족을 통감했다고 한다.『산울림』에 쓴 야마모토 선생님의 글을 인용해 본다.

5일 전, 나가노현 시모이나군 우투기 마을에서 '소다테루카이'의 여름 행사인 '반성 모임'이 있었다. 이 모임에 나온 마을 어른들에게 따가운 질타를 받았다.

5박 6일 활동 가운데 노인에게 짚풀 공예를 배우는 날이 있었다. 아이들은 아침부터 일대일로 할아버지, 할머니에게 짚신 만드는 법을 배우고 저녁에 헤어지기 전에 차를 마셨다.

"잘 먹겠습니다." 하는 인사말과 함께 아이들은 일제히 과자 접시에 손을 뻗어 서로의 것을 빼앗고, 빼앗은 과자는 안 빼앗기려고 몸을 숙여 순식간에 먹어치우고 말았다.

이것을 본 노인들은 큰 충격을 받았다고 한다.

'소다테루카이'에서는 간식은 되도록 자연에서 나온 것을 주도록 지도하고 있으며 아이들도 토마토, 옥수수만 먹고 3일 동안은 과자를 입에 대지 않고 있었다. 그런 탓인지도 모르지만, 그렇다 치더라도 초등학교 고학년 아이들이 할 만한 행동은 아니었다.

그 이야기를 들은 반성회 자리에서 지도 교사에게 "이 정도의 일은 예상해야 했고, 다과가 나오기 전에 주의를 주어 선수를 쳤어야 했던 것은 아니었나?" 하는 의견이 나왔다. 분명히 하나하나의 일을 시작하기 전에 모든 주의사항을 알려 주고 동기 부여를 시키면 일도 원만하게 진행되고 문제도 일어나기 어렵다. 하지만 이런 상식적인 일까지 우리들은 몇 번이고 설명을 하고 주의를 주지 않으면 안 되는 것일까? 배려나 예절 등은 평소 가정에서 확실하게 습관을 들여야 한다고 생각한다.

하지만 그것만으로 지나쳐서는 안 된다는 생각도 든다. 관리주의라는 사회 전체의 흐름이 아이들 교육에도 영향을 미치고 자유로운 발상, 판단력을 잃어버리게 하고 있다는 생각이 든다. 그것이 결국 지시를 해야만 행동을 하는, 아무 것도 못하는 인간을 만들게 된다.

"아이들을 신뢰하고, 될 수 있는 한 아이의 자주성에 맡기고 지도자는 한 발 뒤로 물러서서 지켜본다."

이것이 '소다테루카이'의 기본이며, 산촌 유학의 근간이기도 하다. 과연 우리는 그대로 하고 있는 것일까? 나 또한 우리 회사에 있는 39명의 다른 연령을 가진 집단을 통솔하기 위하여 관리 체제를 전면에 내세우고 있는 것은 아닐까, 하는 생각이 들었다.

아이들이 농가에서 배우는 것

그런데 농가 사람들은 이런 도시 아이들을 왜 받아들이고, 어떻게 생활하고 있을까?

부모들이 농가를 방문하는 것은 정식으로는 처음 인사를 할 때(물론 어떤 이유를 붙여 몇 차례 방문하지만)뿐 일상의 작디작은 일은 알 턱이 없다. 다만 산촌 부모들은 한 달에 한 번 센터 만남을 통해 아이들을 어떻게 대해야 할지, 버릇은 어떤지에 대해 이야기를 나눈다.

산촌 유학 발족까지 7년의 준비 기간을 들였다. 그 뒤에도 우여곡절을 계속 겪어 온 사람들인 만큼 열정적이고 토론 시간도 항상 새벽 한 시, 두 시까지 간다고 한다. 농가에는 일인당 몇 만엔(몇 십만 원)의 돈이 지불된다고 하니까 다섯 명을 맡으면 농가 부업으로도 상당한 것일지도 모른다. 진지하게 생각할 수밖에 없는 게 당연한 일인지 모르지만, 부업 이상으로 아이들에 대한 애정 어린 진지함이 배어나올 수 있기를 바란다.

어떤 것을 먹고 있는지, 똑같은 돈을 지불하고 있는데 아이를 대하는 데 차이는 없는지, 부모들이 걱정하고 있는 만큼 이런 궁금증을 해소하는 만남이기도 하다. 집에서 재배한 야채가 많다고는 하지만 지금은 농가 식탁에도 냉장식품과 인스턴트식품이 즐비하게 올라오고 있다. 오오마치에 물건을 사러 나가기 때문에 생선이나 고기가 부족

농가 부모는 아이들에게 다양하고 건강한 먹을거리를
주기 위해 고민한다. 아이들은 아이들대로 접시에 담
긴 음식을 먹을만큼만 덜고, 설거지도 스스로 하는 법
을 배운다.
"농가에서 제일 좋은 것은 언제나 가족이 함께 식사를
하는 겁니다. 일하고 있는 아버지를 볼 수가 있고, 같
이 모여 사는 가족들의 모습을 보여 주는 그것이 아이
들에게는 최고의 교육입니다."

할 일은 없지만 그래도 농번기에는 밤늦게까지 일가족이 일하기 때문에 저녁밥이 8시경, 그것도 인스턴트 라면을 먹을 때가 가끔씩 있는 것 같다며 걱정하는 어머니도 있었다. 그래도 아이들에게 물어보면 불만으로 느껴질 정도는 아니었다.

도모가 신세를 지고 있는 마사루 씨 집은 음식이 좋아서 해마다 많은 아이들이 가고 싶어하는데 농가를 돌고 있는 지도 교사에 따르면 특별한 것은 없다고 한다.

"그 집에는 음식이 좋다고 생각하게 만드는 무언가가 있는 것 같다."고 선생님은 말했다.

가츠노 마사루 씨의 이름은 원래 '마사루' 라고 읽지만 우리들은 그냥 "타이" 씨라고 불렀다. 아홉 남매의 제일 맏누이로 시라우마白馬에서 시집왔는데, 여자 아이 둘 낳고 막내아들인 가츠노 아키라勝野寬明 씨가 세 살 때 남편이 암으로 돌아가셨다. 암을 발견했을 때는 이미 전이가 심해 도쿄에 있는 큰 병원으로 옮겼지만 손도 써 보지 못하고 돌아가셨다고 한다.

"시기를 놓친 환자에게 병원은 참으로 가혹했어요. 환자가 아무리 아파해도 아무 것도 해 주지 않고 정말 비참했답니다."

하면서 이를 물었다. 어린 아이를 등에 업고 들에 나가 논밭을 지켜야만 했던 세월들이 얼마나 힘들었을까? 그런데도 장녀가 시집가고, 아래 두 명의 아이까지 취직한 지금 왜 부담스러운 유학생들을 맡는 것일까?

"그전까지 몇 번이고 거절했지만 아오키 선생님과 키로쿠喜六 씨가 열심히 권해 주었고, 도시 아이들을 맡으면 자극이 되지 않을까 생각했어요. 지금은 굉장히 잘했다는 생각이 들어요. 그때 아이들을 맡지 않았으면, 지금쯤 마음이 쓸쓸하고 허전했을 거예요."

마사루 씨가 말했다.

처음에는 아키라 씨도 어머니를 빼앗긴 듯한 생각에 아이들을 외면했지만, 지금은 가장으로서 착실하게 마음을 써 주고 있다. 마을 근처에 있는 회사에 다니면서 일주일 중 며칠은 야근 때문에 아이들과 마주하지 못하지만 집에 일찍 돌아왔을 때는 아이들이 가슴으로 팍 뛰어든다고 한다.

야근을 할 때는 새벽 4시에 집에 돌아오기도 하는데 마사루 씨는 이미 일어나 아키라 씨의 아침밥을 먹으며 잠시 이야기를 나눈다. 6시 30분에는 아이들이 아침 먹을 시간이기 때문에 이것저것 준비를 하고 학교에 보내고 나서야 밭에 나간다. 오후에는 아이들 간식을 준비하고 다시 밭에 나가는데 가까운 곳에 있을 때는 아이들과 같이 먹는다.

"간식은 주로 밀가루 음식 아니면 직접 만들어 먹이고 있지만 먼 길을 걸어오기 때문에 아이들은 단음식이 당길 거예요. 그래서 과일을 서너 가지 준비하죠."

마사루 씨는 머리가 숙여질 만큼 고마운 말씀을 해 주셨다.

저녁은 7시. 굉장히 즐겁다고 한다. 도모, 신노스케(마을 사람들은 둘을 단짝이라고 불렀다.)가 끊임없이 입을 움직이며 이야기를 하고, 6학년생인 유키도 여기에 지지 않는다.

"저도 이렇게 크고 싶었다는 생각이 들더군요. 어렸을 때는 어딘가 외로웠거든요."

아키라 씨가 말했다.

"농가에서 제일 좋은 것은 언제나 가족이 함께 식사를 하는 겁니다. 일하고 있는 아버지를 볼 수가 있고, 같이 모여 사는 가족들의 모습을 보여 주는 그것이 아이들에게는 최고의 교육입니다."

하고 아오키 선생님은 말한다.

일이 바쁜 농가 어머니는 나처럼 잔소리가 많지는 않지만, 대신 무슨 일이든지 자기 손으로 해야만 된다. 아침에 토방 문을 열고 목욕물을 데우고 세탁에 뒷정리까지 해야 한다. 당번도 있다고 한다.

"도모는 설거지를 시키면 밥그릇은 밥그릇대로, 접시는 접시대로 정말 꼼꼼하게 잘해 줘요."

하는 말을 듣고 나는 깜짝 놀랐다.

농가 어머니는 화가 날 때 무섭다고 하지만 언제 만나도 생글생글 웃는 얼굴이어서, 마사루라는 이름 그대로 통이 큰 사람이라고 생각했다.

마사루 씨뿐만 아니라 야사카 사람들에게는 신슈 사람 특유의 반골기질과 진취적인 정신이 있다. 신슈는 예로부터 지식인들의 귀양 마을이라는 말을 들었는데 그래서인지 흙에서 살아가는 사람의 강인함 이상의 것이 피에 흐르고 있다는 생각이 든다. 그 야사카에서 살아 가겠다고 말하던 아키라 씨한테서도 그것을 보았다. 그것이야말로 산촌 유학을 지켜 주는 확실한 기반일 것이다.

봄부터 준비한 수확제

9월 29일 목요일. 맑음.

오늘은 산에 열매를 따러 갔습니다.

나는 류이치와 갔습니다.

류이치가 "기왕이면 가즈히사를 찾아서 같이 가고 싶다."고 했습니다.

가즈히사를 찾아서 가려고 할 때 다이스케가 으름이 있는 장소를 가르쳐

주었습니다.

다이스케가 같이 와서 같이 땄습니다.

나는 으름을 처음 먹어 봤는데 굉장히 맛있었습니다.

10월 2일 일요일. 맑음.

오늘은 버섯을 따는 날입니다. 하이에스라는 차를 타고 '소야마'에 갔습

니다. 도중에 차를 세워 산에 올라갔습니다. 싸리버섯이랑 여러 가지 버

섯을 땄습니다.

밤에는 아오키 선생님이 " '독이다! 독이다!' 하며 발로 찬 빨간 버섯을 보

았습니다. "그것이 가짜 송이버섯이야." 하고 말씀하셨습니다.

나는 '빨리 말해 주었으면 좋았을 텐데.' 하고 생각했습니다.

그러자 아오키 선생님이 "하지만 아무도 나한테 보여 주러 안 오는걸."이

라고 말했습니다. 메이누파라女犬原에서 아침밥을 먹었을 때 같이 나온 된

장국이 참 맛있었습니다.

―도모의 일기

　체링 붐이 있었다고는 하지만 야사카 마을의 풍성한 가을에 아이들이 요동치고 있었다. 자연이 주는 선물을 받는 데 바빠서 부모들에게 전하는 연락도 끊어지고 말았다. 그동안의 모습은 센터에서 보내오는 『산울림』을 통해서 아는 수밖에 없지만, 그래도 불과 반 년 만에 어떻게 그렇게 쉽게 야사카의 자연을 자기 것으로 만든 것일까?

　모두들 산에서 나는 열매와 버섯이 있는 비밀 장소를 찾아내고 나물을 수확하고 흙투성이가 되어 황금빛으로 물든 들판 논의 벼 베기를 하였다. 센터 활동으로는 손수레를 끌고 캠프에 가서 젖은 낙엽과 싸우며 불을 피우는 고생도 맛보았다.

　이렇게 아름다운 계절, 아이들한테는 큰 목표가 있었다. 산촌 유학 최대 행사인 수확제가 눈앞으로 다가온 것이다.

　아이들은 4월에 입학한 그날부터 이 날을 목표로 활동해 왔다. 신록의 계절에 산에서 딴 산나물을 소금에 절여 저장했다가 삶아서 냉동시켜 부모님에게 드리는 날을 기다렸다. 그리고 산촌 유학 8기생으로서 경험한 일을 전부 눈에 보이는 형태로 만들어 엄마, 아빠, 그리고 산촌 부모님들과 선생님, 마을 사람들 앞에서 발표해야 된다.

　10월이 되면 아이들은 실행 위원회를 만들어 그룹 연구와 개인 연구 준비를 시작하고, 한편으로는 부모님들에게 드릴 선물인 과일주를

"수확에는 두 가지 의미가 있습니다. 야사카에 살면서 얻은 마음
의 수확과 노동으로 얻은 수확이지요. 지금부터 모두가 열심히
키운 벼를 어머니, 아버지와 함께 탈곡합니다. 먼 옛날 사람들이
하던 방법을 그대로 따라 해 보는 것입니다."

담그느라 정신이 없다. 그리고 그날, 11월 20일 일요일은 전전날 눈이
내렸다고는 믿기 힘들만큼 따뜻하고 쾌청한 날씨였다.

아침 일찍부터 흥분을 감추지 못하는 아이들, 우리들도 이날을 얼
마나 기다려 왔던가. 부모들 모두가 모이는 수확제다. 할아버지, 할머
니와 형제들, 친척까지 모두 방문한 일가족도 있다.

전날은 전야제로 오후부터 마을 사람들과 벌이는 친목 터치볼 대
회와 소프트볼 시합이 열렸다. 중학교 체육관을 빌려 부모, 자식, 마
을 사람, 마을 아이들이 뒤섞여 공을 차고 공을 피해 도망 다니고 뛰
어다녔다. 이어지는 소프트볼 시합에서는 아버지들이 대활약. 아이
들이 기회를 못 잡아 불평할 정도였다. 그리고 이날, 유학 생활의 최
절정인 축제가 시작되었다.

오전 9시, 전원이 센터 정원에 모여 개회식을 했다.

"수확에는 두 가지 의미가 있습니다. 모두가 야사카에 살면서 얻은
마음의 수확과 노동으로 얻은 수확이지요. 지금부터 모두가 열심
히 키운 벼를 어머니, 아버지와 함께 탈곡합니다. 먼 옛날 사람들이
하던 여러 가지 방법을 사용해 그대로 따라 해 보는 것입니다."

아이들이 재빠르게 움직여 벼와 도구를 옮겨 왔다. 디딜방아, 멍석,
발로 밟아 주는 날곡기 등. 농가 아비지 가운데 한 분이 커다란 정미기
를 차로 실어 왔다. 올해는 풍작이라 벼는 황금이삭으로 고개 숙였다.

"작년까지는 쌀 만들기가 아니라 지푸라기 만들기였다고 마을 사
람들이 놀렸는데……."

아오키 선생님의 말에 모두들 웃음보를 터트렸다.

냄비처럼 생긴 기구에 벼를 넣어 탈곡하는 기계는 생각보다 힘이 들었다.

"엄마, 더 힘차게 잡아당겨야 돼요."

도모가 외쳤다.

방아에는 어린아이가 위에 올라가 방아를 고정시킬 수 있도록 해 놓았지만 사람들이 줄을 당길 때마다 아이는 몸이 빙글 빙글 돌아가 비명을 지르면서도 웃어 댔다. 발로 밟아 주는 탈곡기에서 기세 좋게 벼들이 날아가 아이들이 기어 다니며 날아간 벼들을 모았다. 부모와 아이들이 땀투성이가 된 2시간.

탈곡이 끝나자 수확물을 신에게 바치는 제사 행사가 있었다. 나무로 짠 제단에 벼와 야채, 과일주를 올리고 모두들 그 앞에 섰다. 올해의 제사장은 3학년 세리양. 중학생 여자 아이가 만들었다는 하얀 윗저고리에 감색 스커트를 입고 조용조용하게 나타났다.

박수를 치고 "오-ㅅ"이라는 엄숙한 목소리. 얼마나 멋진 축사를 할까 침을 삼키고 있는데 "하늘에 계신 아버지, 여러 신들께 고합니다……."라며 또박또박 읽어 내려갔다. 선생님들과 학부모, 농가, 아이들 대표가 공물을 올리고 무사히 제사를 마쳤다.

"처음에 제사장이 '오-ㅅ'이라고 말한 것은 하늘에 있는 신을 부르기 위한 것이야. 마지막에 다시 한 번 '오-ㅅ'이라고 외치는 것은 신들이 하늘로 돌아가는 것을 배웅하는 것이고……."

아오키 선생님이 설명해 주셨다. 이러한 행사를 통해 얻은 작은 지식을 아마 아이들은 잊을 수 없을 것이다.

"점심은 밖에서 할까요?"

하는 소리에 아이들이 환성을 질렀다. 마을 고등학교에 다니는 누나들이 아르바이트로 만들어 준 샌드위치가 산더미처럼 옮겨졌다. 농가의 어머니, 할머니를 둘러싸고 농가에 신세를 지고 있는 다섯 가족도 양지바른 곳에 진을 쳤다.

"도모가 감기에 걸려서 모처럼 수확제인데 어쩌나, 걱정했는데 그래도 괜찮았지!"

농가 어머니가 말했다. 하지만 감기는커녕 도모의 식욕은 엄청났다. 커다란 빵을 한입에 꿀꺽 해치우고는 "더 드세요." 하는 소리에 비호같이 날아가 하나 더 얻어 왔다.

주변을 둘러보자 은빛의 산들이 눈부시게 빛나고 있었다.

연구 발표가 말해 주는 아이들의 성장

센터 2층에 있는 거실에 무대가 설치되고 아이들이 커다란 모조지를 손에 들고 서 있다. 최근 6개월간의 체험 성과를 발표하는 그룹 연구 발표다. 벼농사반, 산나물 · 버섯반, 된장-낫토(청국장과 비슷한 일본의 발효식품이다.)반, 과일주반 등. 모조지에 쓰인 내용을 반장이 설명하고 한 명 한 명 감상을 적은 작문을 읽었다.

꾸밈없는, 조금은 유치한 문장이 실감나게 전달되었다. 농가 사람들에게 배운 상세한 작업 내용을 그림으로 표현한 쌀 만들기반의 발표는 상당한 수준이었다. 선생님들은 "절대로 사전을 베끼지 말라"고 지시했을 뿐 도와주지 않았다고 하는데, 묘목 키우는 법, 낫 쓰는 법, 베어 낸 벼를 걸쳐 놓는 볏덕을 만드는 법까지 꼼꼼하게 기록하고 있었다.

군더더기 하나 없는, 하나부터 열까지 체험에서 나온 것들이었다. 산나물 · 버섯반은 지금까지 따 본 산채의 특징과 맛있게 먹는 법을 기록하였는데, 머위를 맛있게 먹는 방법으로 "배를 고프게 한 후 먹는다."라고 적혀 있었다 5월 『산울림』에 있었던 이 기사를 보고 나도 모르게 웃고 말았던 기억이 떠올랐다.

봄철 농번기 휴가(농가가 바쁠 때 도와주기 위한 휴가지만 유학생은 어머니들의 손을 덜어주기 위하여 센터 활동을 한다.)에 전기도 가스도 없는 폐가에서 자급자족 생활을 하는 데 머위볶음에 참나물을 넣은 된장국과 고사리 반찬으로 식사를 했다.

"떫은맛도 빼지 않은 야생머위라 좀 썼지만 배가 고파서 그런지 다들 맛있어 하며 먹더군요."

아오키 선생님이 말했다.

그룹 연구 이상으로 풍부한 체험을 보여 준 것이 개인 연구다. 1층에서 3층까지, 계단 벽을 빼곡히 채운 연구 발표를 하나하나 읽으면서 아이들의 섬세한 눈과 명확함, 폭넓은 체험, 깊이에 놀라곤 했다.

도모의 누나가 된 6학년 유키의 '곰 연구'는 밭을 망치는 곰을 찾으려고 며칠간 망을 본 관찰기다. 아기 곰이 있는 엄마 곰이 밭에 있는 작물을 새끼들에게 먹이고 있는 것을 발견하고, 우리도 이런 식으로 부모들에게 양육되는 것이라고 써 놓았다. 그리고 곰이 밭을 해치는 것은 먹을 게 없기 때문이며, 그렇게 된 것은 인간이 산을 황폐화시켰기 때문이라고 지적하고 있었다.

"메밀 연구", "너구리 발견기", "센터의 추억", "추억의 고마가다케駒ヶ 등산", "먹을 수 있는 산열매", "밭에 대해", "농가 야채", "살무사 연구", "야사카의 나무 열매", "야사카에 있는 뱀", "땅벌 연구", "요코세 집락촌에 내해", "야시카의 친구들", "지렁이 키우는 법", "9, 10월의 버섯과 나무 열매", "도시와 야사카 학교의 차이".

주제도 내용도 저마다 개성이 나타나 있어 그 아이의 행동과 표정이 떠오르는 것 같다.

"자연은 정보를 강요하지 않는다. 어떤 정보를 어떻게 받아들이든지 자유이며, 아이의 자유로운 선택에 맡긴다. 자연과 알맞게 접촉한 아이는 그 아이가 어떤 아이든지간에 모두들 생생하게 살아 움직일 수 있는 까닭도 바로 여기에 있다."

라고 아오키 선생님이 잡지에 기고했던 걸 기억한다.

『산울림』에는 무라타村田 선생님이 쓴 이런 글도 실려 있었다.

"제일 놀라웠던 것은 저학년 아이들의 놀라운 감성입니다. 자연을 바라보는 눈이 놀라울 따름입니다. 어른들이 바보 취급하는 일들이 굉장히 중요한 일로 변해 버립니다. 아이들의 개인 연구를 보면 볼수록 나도 아이의 순수한 마음이 없어졌다는 걸 느끼게 됩니다."

지금 내 앞에 있는 도모의 작품을 다시 보아도 그런 생각이 든다. 유치하지만 특징을 잘 잡은 버섯과 나무 열매 그림. 「경험한 것」란에 쓴 짧은 문장을 읽다 보니 처음 찾아냈을 때의 모습이 눈에 선하다.

- 주목(주목나무과)─마사히코와 함께 막 나온 주목을 먹었다. 씨앗을 맛보자 속이 울렁거렸다. 그때부터 주목을 안 먹게 되었다.
- 도깨비호두─ 3교시에 호두를 따러 갔다. 대부분이 썩어 있었다. 선생님이 가게에서 파는 것 같은 도깨비호두를 가지고 오셨다. 굉장히 맛있었다.

- **으름**(으름과)—동네 아이랑 함께 으름을 땄다. 과일주를 만들려고 세 사람이 땄다. 충분하지는 않았다. 하지만 작은 감은 맛있었다.
- **작살나무**(마편초과에 속하는 낙엽관목)—과일주를 만들려고 생각한 열매. 하지만 살고 있는 장소를 몰랐다. 그래서 억울했다.
- **돌배**(장미과)—버섯 따러 갔을 때 아오키 선생님이 "이게 돌배야." 하고 말씀하셔서 다 같이 모여서 조금씩 땄다. 하지만 과일주를 만들 정도는 아니었다.
- **산포도**(포도과)—포도가 있는 장소에 후케 형(중학생인 후쿠이扁家를 말한다.)이 먼저 갔다. 우리 것도 따 주었다. 굉장히 기뻤다.

그날은 밤늦게까지 얼마나 많은 행사가 있었는지 모른다. 연극에 합창, 농가 대항 부자 게임, 회식 모임, 2차까지……

중학생이 희곡을 썼다는 연극은, 봄부터 야사카에서 보낸 생활을 잘난 척하는 아이와 불량한 아이를 등장시킨 '현실과는 거리가 먼 산촌 유학'을 그린 것으로 발랄한 유머 감각과 풍자로 부모들을 폭소 도가니에 빠트렸다. 배경도 없고 연습 시간도 없었던 탓인지 대사도 중간에 까먹고 학예회 연극과 비교하면 정말 조잡했는데도 말이다.

농가 대항 '부모랑 아이랑' 게임에서는 커다란 상지에 들어가 손만 내밀어 자기 아이를 맞추는 게임으로 오랫동안 헤어져 있던 아이들의 손을 맞출 수 있을지 조마조마한 순간이었다. 나는 순서를 기다리는 도모 곁으로 달려가 살짝 손의 감촉을 확인하였을 정도였다.

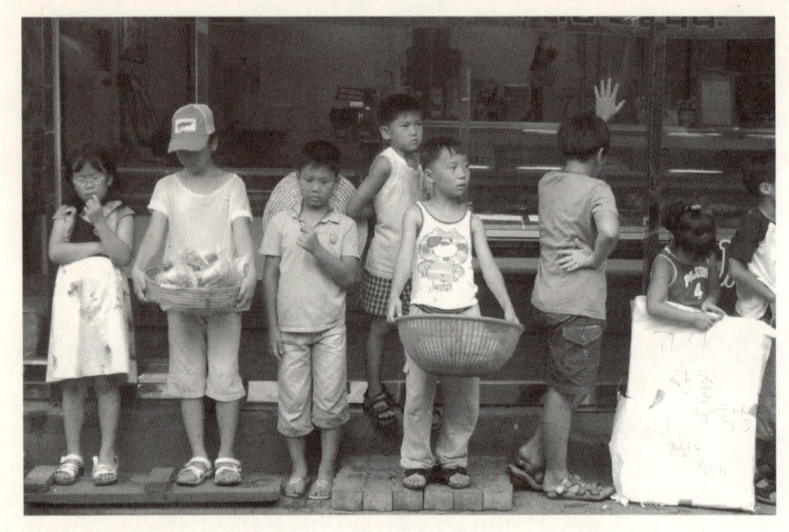

산촌 유학 아이들은 직접 수확한 농산물을 시장에서 팔아 보기도 한다. 선생님들이
아무것도 도와주지 않아도 아이들은 스스로 하나부터 열까지 체험하고, 자기 안에
차곡차곡 쌓아 놓는다.

회식 모임에서는 아이들이 꼬치구이와 구운두부, 볶음국수와 오코노미야키(한국의 빈대떡에 해당) 가게를 냈는데 요리를 잘하는 부모님들이 실력 발휘를 해 맛있는 음식을 만들어 주었다. 화기애애하고 호화롭고 떠들썩한 모임이었지만 한편으로 반성도 했다.

돈을 들여 바쁜 틈을 내어 맛있는 음식을 내어주지 않아도 아이들이 만들어 준 것을 함께 맛보는 것만으로 좋지 않았을까? 애써 과일주도 만들어 음료 코너도 만들어 주었는데 아무도 가 주지 않았다. 기다리다 지친 과일주 담당 아이가 "뭐 만들어 드릴까요?" 하고 물으러 와 주었지만 대답조차 안 한 부모들도 있었다. 그렇다 하더라도 친부모와 산촌 부모, 일 년 형제가 된 아이들까지, 이런 관계는 어떤 것일까? 이렇게 한번 되짚어 보니 그 신기한 인연에 마음을 새로 다지게 되었다. 앞으로 1년이 될지, 2년이 될지 모르지만 도모는 이곳에 있게 된다. 그때마다 이 인연은 더 강해지고 깊어질 것이다.

야사카에서 돌아오는 길, 오오마치로 빠지는 길 중간에 터널이 있고 이 터널을 지나면 갑자기 눈앞에 북알프스의 장대한 산자락이 열린다. 항상 감동하는 순간이지만 이날의 북알프스에는 언젠가 다가올 혹독한 겨울을 예고하는 것처럼 많은 눈이 쌓여 있었다.

부모는 24시간 아이들의 안전을 지킬 수가 없다. 산촌 유학에 보내건
보내지 않건 아이들은 어딘가 눈에 보이지 않는 위험에 노출되어 있다.
아이들 자신이 자기 생명을 지킬 수 있을 때까지 가르치고 지켜보는 것이
부모의 역할일 것이다. 산촌 유학은 그것을 자연이라는 위대한 교사 밑에서,
몸을 통해 배우고 가르치는 것이다.

겨울, 추워도 즐겁다

머리카락도 얼어붙는 통학 길에서

"오늘 첫눈이 내렸습니다. 엄마한테 정말 보여 주고 싶었습니다.
엽서라도 좋으니까 알려 드리고 싶습니다."

12월 20일, 도모의 일기에 이렇게 쓰여 있다. 예년에 비해 빨리 다
가온 첫눈에 대한 감동이 전해져 오는 것만 같다.

"오늘로 맨발로 보내는 생활은 끝입니다."

10월 중순 일기에는 이렇게 쓰여 있었는데, 교정을 맨발로 뛰어다
니며 산길에서 나무열매와 버섯을 탐하던 생활은 끝났다. 길고 긴 겨
울 동안 아이들은 두꺼운 양말을 두세 켤레 겹쳐 신고 긴 장화를 신고
눈을 헤치며 학교를 다녀야만 한다.

봄부터 준비해 온 수확제를 마치고 아이들은 조용한 생활을 되찾
았다. 유학 생활의 하이라이트라고 할 수 있는 축제를 계기로 아이들
집단도 정리가 되고 차분해졌다고 한다.

마을은 농한기에 들어가 엄마, 아빠도 집에서 하는 작업이 많아졌
다. 아이들도 새끼를 꼬고 짚공예를 배운다. 고다츠(밑에 전기난로가 달
린 테이블)를 둘러싸고 단란한 한때를 보내는 시간이 많아진다. 하지
만 해발 650미터나 되는 야사카의 겨울은, 도시에서 따뜻하게 자란
아이들한테는 참으로 힘든 일인지도 모른다. 11월에 들어서 내린, 단
하루밖에 경험하지 않은 엄청난 눈발에 질려 버린 부모들은 12월에

들어서자 걱정이 산더미 같았다. 분명 아이들은 도시에서는 상상도 할 수 없는 추위로 고생하고 있었다.

"통학 길에는 두꺼운 얼음판이 깔려 있거나 눈으로 꽁꽁 얼어붙어 미끄러지기 쉬워서 금방이라도 넘어질 것 같아 무섭습니다. 저는 가끔 잘 넘어지기 때문에 그때는 정말 눈 좀 안 내렸으면 좋겠다는 생각을 합니다."(6학년 요코)

"학교에 오갈 때는 눈 속을 농업용 고무장화를 신고 가는데, 발이 얼어붙을 정도로 무겁다. 학교에서 받아 오는 우유를 농가에 놓아두면 꽁꽁 얼어 버린다."(중학생 요시키)

"학교에 갈 때는 머리카락 끝이 얼어붙어서 목도리에 머리카락이 달라붙습니다. 그래도 나는 야사카가 좋습니다."(6학년 스즈키 케이코)

이렇게 결론짓고 있는 아이도 있었다.

"일 년만 다니고 돌아가겠다던 아이도 겨울을 체험하고 나면 2년, 3년씩 있고 싶어하죠."라며 아오키 선생님이 말씀하셨는데, 조금 힘이 들기는 하지만 아이들은 정말로 야사카의 겨울을 즐기고 있었던 것이었다.

눈이 내리기 시작하면 제일 먼저 아이들을 사로잡는 것이 썰매다. 언덕이 많은 야사카에서는 거의 모든 장소에서 썰매를 탈 수 있다. 작은 덤불숲 정도는 아랑곳하지도 않고 그대로 뚫고 지나갈 수 있어서

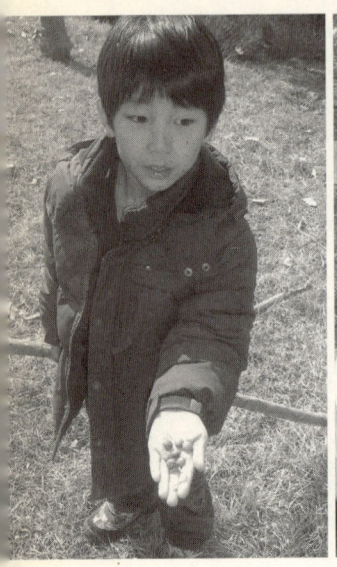

가을 수확제가 끝나고 겨울이 되면 아이들은 아궁이에 불을 지펴 고구마도 구워 먹고, 얼음도 지치면서 지낸다. 도시에서 자란 아이들이 추위에 약할 거라 걱정하는 부모들의 마음과는 아랑곳없이 아이들은 신난다. (오른쪽)

찬 기운이 감도는 겨울산에서 멧토끼 똥을 발견한 아이. 아이들이 몰려들어 함께 눈 덮인 산으로 나가 토끼몰이도 체험할 수 있다. 아무도 규제하지 않는 산과 들에서 아이들은 엄청난 에너지를 발산한다. (왼쪽)

평소에는 4, 50분 걸리던 학교도 2, 30분 정도면 도착하게 된다. 그 대신 돌아오는 길에는 타고 온 썰매를 끌고 돌아가야 되기 때문에 아이들은 각자 편하게 돌아가는 방법을 고안하였다. 예를 들면 커다란 비료 봉투를 썰매 대신 엉덩이에 깔고 미끄럼을 타는 방법이 있다. 그 방법은 그나마 얌전한 편으로, 3년간 야사카에 있었던 세리는 어떤 인터뷰에서 다음과 같이 말했다.

"등에 지는 책가방이 잘 미끄러져요. 어깨 끈이 붙은 곳을 손으로 잡고 쫘악 미끄러지면 정말 기분 좋아요. 대신 책이랑 노트랑 전부 눈으로 축축하게 젖지만요."

또, 통학 길뿐만 아니라 집 주변도 눈을 이용해서 갖가지 코스를 만들어 짜릿함과 속도감을 즐기는 일에도 아이들은 푹 빠져 있었다.

"얼마나 재미있는지 아이들이 간식도 안 먹고 한번 나가면 도대체 돌아오지를 않는다네요."

전화 통화를 하던 어느 어머니는 말했다.

그리고 눈사람, 눈싸움……. 아무도 규제하지 않는 산과 들에서 아이들이 얼마나 에너지를 발산하고 있는지 도저히 상상하기 힘들다. 12월 말에 있는 단기 유학 겨울방학 행사에는 정말 많은 아이들이 몰려들어 함께 눈 덮인 산으로 나가 토끼몰이도 체험하였다. 안타깝게도 한 마리도 잡지 못했지만 유학생들은 살아 있는 토끼를 요리해서 먹는 체험을 하였다. 중학생이라 제일 연장자인 요시키가 얼굴을 옆으로 돌리고 칼로 토끼 목을 찔렀다고 한다.

"너무 불쌍해서 도저히 볼 수가 없어 중간에 돌아왔습니다."

도모는 일기에 그렇게 썼지만 나중에 토끼탕은 진짜 맛있었다며 몇 번이고 말했다.

'살아 있는 동물을 죽여서 먹다니 어떻게 그렇게 잔인한 일을 할 수 있지?'

나는 가슴을 쓸어내렸지만 이것도 강렬한 자연 체험일 것이다. 눈으로 보지 않아도 우리들의 식생활이 이러한 '생명의 법칙'에 의해 돌아가고 있음을, 아마 도모도 배웠을 것이다.

스키, 스키, 스키

엄마, 건강하게 잘 지내시나요?

전 잘 있습니다.

어제랑 오늘 스키를 탔어요. 이젠 돌 수도 있어요.

작은 회전은 잘 못하지만 열심히 배우겠습니다.

감기 걸리지 마세요.

1월 9일

도모가.

딱 1주일간의 겨울방학. 눈 깜짝할 사이에 돌아가 버린 도모한테 엽서가 왔다. 할아버지도 만나러 가고 친구랑 친척 집에서도 자고 바쁘게 보냈다고는 하지만 한시도 떨어지지 않고 같이 살다가 아이가 돌아가고 나자 가슴이 뻥 뚫린 것 같은 날들을 보내고 있었다. 그러다 보니 도모의 편지 한 구절 한 구절이 가슴에 다가왔다.

봄가을 농번기 휴가와 2월에 한겨울 휴가가 있는 나가노현에서는 겨울방학이 짧다. 세나가 연말은 새로 유학하는 아이들의 합숙에 신배들이 참가하기 때문에 도모가 도쿄로 돌아온 것은 12월 30일 밤으로, 1월 8일이면 다시 학교가 시작된다.

3학기 생활은 스키, 스키, 스키의 연속이다. 센터에서는 전용 대여

스키를 준비하고 몇 번이고 스키장에 데려가 주었다. 스키의 산지인 북알프스. 자동차로 30분만 가면 유명한 스키장이 셀 수없이 많다. 제일 가까운 오오마치의 스키장부터 야나바 국제 스키장, 지이가다케爺ケ岳 스키장을 돌며 부러울 정도로 호사를 누리고 있었다. 덕분에 부모들은 스키와 스키구두를 3개월간 빌리는 데 3만 엔(한화 30만 원에 해당)의 대여료를 지불해야 했지만 스키 도구 일체를 갖추어 다시 도쿄에서 야사카까지 갖다 줄 것을 생각하면 고마운 금액이 아닐 수 없다. 농가에서도 집 앞에 있는 언덕길이 좋은 연습장이 되어 형들이 틈만 나면 달라붙어서 스키를 가르쳐 주었다고 한다.

학교 체육 시간은 전부 스키 수업이 되었다. 얼음이 꽁꽁 얼어붙은 교정은 스케이팅 연습장이 되고 밭둑과 밭의 높이 차를 이용하여 점프대가 만들어졌다. 도모의 일기에도 하나부터 열까지 전부 스키 이야기로 꽉 차 있었다.

1월 17일 화요일.
오늘은 스키를 탔습니다. 멈출 때 자꾸 뒤를 돌아서 열심히 노력하고 있습니다.

1월 18일 수요일.
오늘도 스키를 탔습니다. 발이 시렸지만 탔습니다. 점프는 몇 번을 해도 질리지가 않습니다.

하지만 즐거움 뒤에 오는 고생 또한 컸다. 집까지 올 때 가방에 스키까지 짊어지고 얼어붙은 산길을 올라가야만 했다. 작년까지는 센터에서 차를 빌려 실어다 주었다고 하는데 올해는 선생님들도 바빠 그럴 여유가 없었다. 어린아이들 경우에는 스키가 무겁다 보니 한 짝씩 이틀에 걸쳐 날랐는데 제일 어린 나오미조차 불평하지 않았다고 하니 참 대단한 일이 아닐 수 없다.

야사카의 엄마, 아빠 환영합니다

겨울은 우리들에게도 뜻하지 않은 즐거움을 가져다주었다. '엄마, 아빠랑 함께하는 스키 교실'이 열린 덕택에 나는 평생 타 보지 못할 거라 생각했던 스키를 타게 된 것이다. 그리고 전기 유학생들 부모들과 교류, 산촌 부모들의 상경도 뜻하지 않은 것이었다.

우리들 8기생 부모 모임은 5기, 6기, 7기 부모들과 합동 신년 모임을 기획하고 있었다. 그것을 들은 산촌 부모들이 모두 참가 신청을 해온 것이다.

"도쿄에 갈 걸 생각하니 너무 기쁘고 좋아서 어찌할 바를 모르겠어요. 아이들을 맡은 동안은 아무데도 못 갈 거라고 생각하고 있었거든요."

전화를 걸어 온 산촌 엄마의 목소리는 흥분을 감추지 못하고 있었다.

모임 장소를 정하고 2차는 어디에서 할지, 다음 날 어디로 안내할지, 부모 모임의 임원이 여기저기 뛰어다니며 준비를 했건만 산촌 부모들이 도착한 날은 도쿄에서는 보기 드문 대설이 내렸다.

"도쿄에 간다고 간 것이 야사카로 되돌아온 것은 아닌가 하는 생각이 들었어요."

계속되는 정체에 지쳐 버린 아버지들이 꺼낸 첫마디였다.

총인원이 80여 명이나 되는 송년모임의 열기는 엄청나게 뜨거웠다. 여기저기 모두들 커다란 연회 장소를 돌아다니며 음식 먹는 것도 잊을 만큼 이야기꽃이 피었다. 특히 산촌 부모들이 송년모임 장소에 나타났을 때 전기 유학생 어머니들이 일제히 농가 어머니 옆으로 달려와 손에 손을 잡고 인사를 나누는 모습들은 몇 년 후 내 모습을 보는 것 같아 가슴이 찡했다.

목적을 갖는다는 것

티비에스 텔레비전에서 네 번째 취재물을 방송하였다. 텔레비전에서는 커다란 나무를 잘라 넘어뜨리는 아이들의 모습이 방영되었다. 열심히 톱을 사용하는 아이들. 아오키 선생님이 쭈그리고 앉아 팔 사용법을 가르쳐 주고 있었다. 쓱싹쓱싹 거리는 소리가 들리고 쳐다보기도 힘들만큼 높은 나무가 쓰러졌다. 아이들이 그 나무를 눈 쌓인 언덕에서 굴려 넘어뜨렸다. 허리에 줄을 감아 통나무를 끌고 가는 아이들, 썰매에 실어 나르는 아이들…….

1월 29일부터 2월 5일까지 한겨울 방학을 맞은 센터의 행사였다. 이 8일 동안 아이들은 상상하기 어려울 정도로 많은 행사를 치렀다.

1월 29일 오전 수업 참관, 오후 움집 만들기.
1월 30일 오전 숯 만들기, 용 나무 운반, 숯불 만들기.
1월 31일 오전 공부, 숙제를 함, 저녁에 숯을 꺼냄, 참선에 대한 모임.
　2월 1일 오전 참선 갈 준비와 공부, 오후 호다카穗高에 있는 소도쿠지宗德寺로 출발, 야마모토 선생님께 참선법을 배움, 7시 30분부터 8시 45분까지 참선, 그 후 스님의 이야기를 들음.
　2월 2일 5시 30분에 방울 소리와 함께 기상, 6시부터 30분간 참선, 전원 경전 복사, 술 담그기 견학반은 기소후쿠시마木會福島로 출발, 나머지는 호다카 마을 견학 후 센터로 돌아옴.

2월 3일 개별 활동.(스와諏訪 호수에서 빙어 낚시, 나가노 견학, 기타)

2월 4일 부모님과 함께 하는 스키 교실.

2월 5일 부모님과 함께 하는 스키 교실, 저녁에 농가로 감.

몇 년 전에 만든 숯 만드는 오두막집이 쓰러지기 직전이라 한동안 끊어졌던 숯 굽기가 올해 재개되었다. 산촌 부모인 스와 요시쥬 씨가 새 오두막집을 만들어 주었기 때문이다. 숯 굽기를 둘러싼 여러 작업을 통해 아이들은 목적이 있는 노동, 즉 '일'의 의미를 알았다. 센터 통신 『산울림』에 나온 야마모토 선생님의 글을 인용해 본다.

스키장에서 돌아오니 초등학생들이 숯가마 옆에서 움집 만들기에 열중하고 있었다. 어젯밤, 숯불 당번이 필요하니까 각 생활반이 나누어 만들면 어떨까 이야기하고, 숯 만드는 법에 대해 설명하기는 했지만 이렇게 많은 아이들이 참가하여 본격적으로 숯을 만들 거라고는 생각도 못했다. 좁은 장소에 다섯 개의 커다란 숯가마가 올라가고 이미 구멍까지 파져 있었다. 다섯 명, 열 명의 적은 인원의 힘만으로는 이런 큰 규모를 만들기 어렵다. 역시 집단의 힘이 크다는 것을 다시 한 번 느꼈다. 모두들 어제부터 숯 굽기 시간에 맞추기 위해 열심히 일하고 있었던 것이다. 단순히 움집 만들기나 해 보려는 것이라면 이렇게 큰일을 해낼 수 없다. '숯 굽기 가마 제작'이라는 목적이 있었기 때문에, 놀이가 아니라 '목적을 갖는 것'에 대

아이들이 숯 굽는 일에 열중하고 있다.
"아이들의 분위기가 좋아요. 힘이 있거든요. 단순히 장작을 나르는 것이 아니라 숯을
굽겠다는 목표가 있기 때문에 좋은 것이지요. 아이들은 일을 하고 싶어하는 거예요."

한 소중함에 대해 다시 한 번 배웠다.

　중학생은 아직 학교 수업이 있었기 때문에 숯 굽기를 위한 장작 패기와 운반 모두 초등학생들 힘만으로 해냈다. 어린아이들도 각자 할 수 있는 일을 분담하여 텔레비전 취재반이 따라가기 힘들만큼 민첩하게 움직였다. 센터에서 30분 정도 되는 산에서 거의 한 시간 만에 전부 옮겼다고 한다. 우리들 부모는 텔레비전에 비친 아이들의 일하는 모습에 감동했지만 선생님들은 머리를 흔들었다.
　"이 정도로는 부족하죠. 이보다 굉장한 장면들이 있었는데요."
　하며 아쉬워했다. 하지만 방송국 사람들은 이렇게 말했다.
　"겨우 따라잡았다 싶으면 이미 일이 다 끝났거나, 어렵게 찍은 사진들은 실패하고……. 말도 마세요."
라고 했다. 『산울림』에는 이 작업을 보고 있던 아오키 선생님의 즐거운 글이 실려 있었다.

　"아이들의 분위기가 좋아요. 힘이 있거든요. 단순히 장작을 나르는 것이 아니라 숯을 굽기 위해서라는 목표가 있기 때문에 좋은 것이지요. 밭갈이 같은 놀이와는 다르죠. 아이들이 일을 하고 싶어한다는 것은, 바로 이것을 말하는 것입니다."

영하 10도, 울어 버린 아이

이 한겨울 방학은 아이들에게 역시 힘든 일정이었던 것 같다.

2월 4일, 엄마, 아빠랑 함께하는 스키에 참가했을 때 도모의 얼굴색이 어딘가 이상하다는 느낌이 들었다. 셔츠를 이상하게 여러 장 입고 있는데다가 힘차게 움직이고 있지만 어딘가 움직임이 둔해 보였다. 생각했던 대로 다음 날은 고열에 시달렸다. 도모뿐만 아니라 무려 여덟 명의 아이가 누워 버렸다. "어른들도 참기 힘든 추위였다." 며 동행한 카메라맨인 사토 씨가 말했다. 더구나 빙어 낚시 프로그램은 영하 10도를 밑도는 얼음 위에서 한 시간 이상이나 가만히 기다려야 했다.

"도모는 그렇게 말했는데도 센터가 따뜻하다 보니까 자기도 모르게 옷을 얇게 입고 갔어요. 추위에 떨다가 나중에는 울어 버렸어요. 울고 있는 장면을 사진으로 찍어 두었는데, 엄청 귀여워요."

전날 밤, 아오키 선생님은 웃으며 말하고 있었지만 나는 조금 심경이 복잡했다.

"가기 전에 한번 점검해 주면 좋을 텐데. 처음인데다가 얼마나 추운지 아이들로서는 예측하기 힘들잖아요."

가까이 있던 이나바 케이코 씨와 이런 저런 이야기를 하다가 불만을 말했다.

"무슨 일이든 체험, 바로 체험이에요. 열은 하룻밤 지나면 낫지만 이번 실패는 평생 잊지 못할 거예요."

하고 위로를 해 주었다.

분명히 그렇다. 앞으로 추운 지역에 갈 때는 도모는 복장에 대한 주의를 잊지 않을 것이다. 참선의 어려움에 대해 입으로는 힘들었다고 말했지만 다시 하고 싶다고 한다. 이렇게 하나하나 몸을 통해 배우는 생활의 지혜야말로 평생의 양식이 될 것임에 틀림없다.

이날, 나는 스키를 그만두고 종일 아이 옆에 있기로 했지만 그때 센터에서 엄마 역할을 하고 있는 고와마 선생님이 했던 말을 잊을 수가 없다.

"어머니가 곁에 있어 주시는 것은 좋은데 자기 자식만 감싸주시면 안 돼요. 아이들은 혼자 있으면 굉장히 강해지지만 옆에 누군가가 있으면 갑자기 마음이 약해지거든요."

정말 선생님 말씀대로 아픈 아이들은 중학생조차도 약한 모습으로 어리광을 부렸다. 한 아이의 머리에 손을 대고 있으면 다른 아이가 열에 들뜬 눈으로 바라보았다. 나는 반나절을 이 방 저 방을 돌아다니며 여덟 명이나 되는 아이들의 머리를 쓰다듬어 주고 가슴을 쓸어 주면서 아이를 여럿 둔 엄마의 마음을 맛보았다.

비정상적인 대설 속에서

모임의 잡지인 『소다테루』 편집 후기에 아오키 선생님이 이런 글을 실었다.

올해는 전국 어디를 가나 눈이 많다고 합니다. 아사카 마을에도 엄청나게 많은 눈이 내렸습니다. 센터 가까운 곳에도 1미터는 가볍게 넘어섰고, 조금 깊이 들어가면 2미터나 되었습니다. 좁기는 하지만 제설된 도로를 차로 달리고 있으면 눈으로 된 터널을 지나고 있는 것 같습니다.

얼마 전의 일입니다. 아침 8시가 지나서 눈사람으로 변한 아이들 네 명이 센터로 구르듯이 뛰어들었습니다. 센터에서 3킬로미터나 떨어진 깊은 곳에 있는 소야마曾山라는 곳에서 생활하고 있는 산촌 유학생들로 평소 같았으면 30분이면 오는 길을 한 시간이나 걸려, 50센티미터나 쌓인 눈길과 눈보라 속을 헤치며 찾아왔습니다. 학생들은 한참 동안 휴식을 취한 후 다시 4킬로미터 앞에 있는 학교를 향해 출발하였습니다.

미칠 듯이 눈이 흩날리는 하늘을 바라보며, "이제 눈은 그만 내렸으면 좋겠다."고 말한 아이의 말이 귀에 쟁쟁합니다. 그건 그렇다 치고 참으로 강한 아이로 자라 주었습니다.

큰눈 때문에 마을은 제설 비용를 모두 써 버리고 마침내 공업용 블 도저가 출동하게 되었다. 도쿄에도 그렇게 많이 내렸으니 야사카의 상황은 안 보아도 눈에 선하다. 그러던 어느 날, 『소다테루』지의 어머니 편집위원이기도 한 나는 편집회의를 끝낸 다음 모임 사무실에 남아 있던 아오키 선생님과 잡담을 나누게 되었다. 그때 아오키 선생님이 누구한테라고 할 것 없이 불현듯 이런 말을 중얼거렸다.

"눈사태는 괜찮겠지?"

눈사태! 가슴이 덜컹 내려앉았다. 그것을 본 센터의 야마모토 선생님이 얼른 받아쳤다.

"괜찮아요. 야사카는 지금까지 한 번도 눈사태가 일어난 적이 없는 곳입니다."

"그러니까 더 주의해야죠. 오시노다 주변은 괜찮을까?"

"네, 콘크리트 공사를 했으니 괜찮을 겁니다."

"그러면 거기에 있는……."

그런 대화를 조마조마하는 심정으로 듣고 있던 나에게 아오키 선생님은 말했다.

"하지만 어머니, 눈사태만큼은 인력으로 막을 수가 없어요."

그날 밤, 나는 도저히 잠을 잘 수가 없었다. 부모 중 누군가 한 사람한테 말하면 다음에서 다음으로 불안함이 확산되어 나갈 것임에 틀림없다. 혼자 걱정하다 못해 언니에게 전화를 걸었다.

"선생님에게 다시 전화를 걸어서 주의해 달라고 말해. 일기예보에도 신경 쓰고……."

맞다. 하지만 우리들조차 생각해 내는 일을 선생님들이 쉽게 흘려 듣지는 않을 것이다. 오랜 세월 자연과 싸워 온 사람들이다. 그러나 그들도 목숨을 걸고 날씨를 바라보며 살아 온 그 지역 사람들에게 미치지는 못할 것이다.

나중에 아오키 선생님에게 물어보니,

"그 후 교장선생님께 전화를 걸었어요. 학교에서는 이미 어떻게 대책할 것인지, 이야기를 끝내고 아이들한테도 여러 차례 주의를 주었다고 하더군요."

라고 대답해 주셨다.

맞다. 그런 일이 절대로 일어날 리 없다. 하지만 무슨 일이 일어난다면 어떻게 될까? 아이들은 항상 몇 명씩 단체로 움직이고 있다. 부모들은 반쯤 광란 상태에 빠지게 되고 마을은 공황 상태가 되어 커다란 사회문제가 일어날 것이다. 선생님들의 지도가 구석구석 미치지 못하는 것은 아닐까, 관리가 허술했던 것은 아닐까, 매스컴은 모임과 마을을 손바닥에 올려놓고 떠들어 대고 부모들은 깊은 슬픔으로 모임을 고소할지도 모른다. 나 역시 그렇게 안 한다고 장담하기는 어렵다. 그렇게 되면 십몇 년 동안 한 발 한 발 쌓아 온 모임의 성과도 허망하게 무너져 내릴 것이다.

하지만 나는 생각을 바꾸었다. 우리들은 사전에 조사하고 생각하고 선생님들과 산촌 부모님들을 믿고 나름의 각오를 하고 아이들을 맡긴 것이 아니었던가.

아이들을 맡기는 일은 릴레이 경주와 비슷하다. 앞서 달리던 사람이 다음 사람에게 일단 인계를 하면 상대가 달리는 데 맡길 수밖에 없다. 지금 상대를 흠집 내는 사건이 발생하면 이 인수인계가 확실하게 이루어지지 않은 것이 된다. 만일의 경우에 대해 생각하고 싶지 않지만 부모들도 다시 한 번 만일의 경우에 대해 마음을 다지도록 이야기를 해두어야 하는 것은 아닐까.

부모는 24시간 아이들의 안전을 지킬 수가 없다. 산촌 유학에 보내건 보내지 않건 아이들은 어딘가 눈에 보이지 않는 위험에 노출되어 있다. 아이들 자신이 자기 생명을 지킬 수 있을 때까지 가르치고 지켜보는 것이 부모의 역할일 것이다. 산촌 유학은 그것을 자연이라는 위대한 교사 밑에서, 말 그대로 몸을 통해 배우고 가르치고 있는 것이다. 하지만 머리로는 그렇게 생각해도 현실에서는 아주 작은 일 하나에도 울고 웃는 나였다. 나 자신의 각오를 다지기 위해서라도 빠른 시간 안에 부모 모임에서 이러한 일에 대해 이야기를 나누어야겠다고 생각했다.

눈도 축복해 준 수료식, 일 년 동안 잘 해냈어

일 년이라는 세월이 얼마나 빨리 흘렀는지 모른다. 3월 17일 저녁 시간, 나는 수료식을 위해 사이토 씨 부부의 차를 함께 타고 야사카로 향했다. 3년째를 마친 세리가 돌아온다니까 사이토 씨에게는 마지막 야사카행이었다.

이날 역시 눈이 많이 내려 길이 꽁꽁 얼어 있었다. 센터로 가는 언덕길에서는 차가 미끄러져 가슴이 철렁 내려앉았다. 다음 날 18일 오후, 아이들의 체험 발표와 격려의 말을 적은 색지를 교환하는 모임이 열렸다. 체험 발표에서는 각각 풍부한 개성으로 야사카의 자연이 주는 즐거움에 대해 이야기하고 있었는데, 그중에서도 5학년인 히로세 류이치의 날카로운 고찰에 깜짝 놀라고 말았다.

"모두들 자연이 아주 좋았다고 말하지만 전 야사카에 와서 문명이 주는 고마움에 대해 알게 되었습니다. 전기도 없는 폐가와 새까만 산길에서 지금 손전등이나 성냥이 없었다면 어떻게 될까 생각하니 소름이 끼쳤습니다."

다른 곳에 산촌 유학을 여는 일로 바쁜 아오키 선생님은 다섯 시부터 진행된 수료식에 달려왔다. 한 사람 한 사람에게 상장과 앨범을 건네주면서, "정말 잘 해냈어." 하고 말해 주는 한 마디 한 마디에는 깊은 감명을 주었고, 무어라 말하기 힘든 따뜻함이 배어 있었다.

"지금 여러분들에게 건넨 상장에는 수료상이라고 쓰여 있을 거예요. 수료했다는 증명의 뜻이 아니라 일 년간 이루어 낸 것에 대한 칭찬을 하는 상이에요. 모두들 정말 잘해 주었어요. 축하합니다."

그런 선생님의 말씀에 아이들은 다시 한 번 기쁜 얼굴로 상장을 품에 안았다.

그렇다. 부모도 아이도 최근 일 년을 이 한마디로 표현할 수 있을 것이다.

밤에는 산촌 부모님과 선생님을 둘러싸고 작별을 위한 회식 모임이 열렸다. 우리들이 준비한 기념품(농가에는 프라이팬이나 겉옷, 선생님들에게는 운동복)을 아이들이 증정하고 함께 〈작별의 노래〉를 합창했다. 아버지들의 눈시울이 축축하게 젖어 있었다.

다음 날은 야사카 초등학교 졸업식에 참석하였다. 이 눈 속을 헤치고 어디에서들 모았는지 멋진 꽃들이 장식되고 재학생들이 졸업생 한 사람 한 사람에 대한 추억을 이야기했다. 졸업생들이 답해 주는 감사의 말에는 가슴 찡한 나눔이 느껴졌다. 재학생들이 보내는 아름다운 꽃 화분을 안고 눈물을 흘리는 졸업생들. 일 년 만에 돌아가는 유키가 누구보다 많이 울고 있었다. 교복을 입은 그녀는 다시 도시 아이로 돌아왔다. 유키는 어머니 부탁으로 유명 중학교 몇 곳에 시험을 보아 미션스쿨에 입학이 예정되어 있었다.

이날 센터로 돌아왔을 때 단 한 명의 중학교 졸업생인 요시키에게 고등학교 합격 통지서가 날아와 아이들이 뛸 듯이 기뻐하는 모습이

아이들은 1년 동안 갖가지 재료로 비누 만드는 법도 배웠고, 천연염색도 해 봤으며, 요가 수업도 들었다. 아오키 선생님이 이 모든 과정을 잘 끝낸 아이들에게 말했다. "지금 여러분들에게 주는 수료상은 일 년간 이루어 낸 것에 대한 칭찬을 하는 상이에 요. 모두들 정말 잘해 주었어요. 축하합니다."

참 보기 좋았다. 기소의 양조장집 장남인 그는 스스로 생각한 끝에 농업고등학교 양조 전문 과정을 선택했다고 한다.

길었다. 하지만 짧게 느껴진 일 년이기도 했다. 생각해 보면 텔레비전 드라마처럼 기복이 많은 사건들이 응축된 일 년이기도 했다.

아이를 산촌 유학에 보낸다고 하면 오직 내 자식을 위해서 한 결정인데도
사람들은 맞벌이라서 아이를 키우기 힘들거나 어딘가 문제가 있는 가정이라고
생각했다. 하지만 오히려 부부 사이가 굉장히 좋은,
가족들의 사랑이 넘치는 가정에서 보내고 있었다.
그러지 않고서는 일 년에 몇 번씩 집을 비우고 비용을 들여 가며 두메산골에
오직 자식을 위해서 찾아오는 일은 어려울 것이다.

부모들의 산촌 유학

피로해도 힘들지 않았던 야사카행

　나는 신주쿠의 부도심副都心이 싫다. 눈부신 유리창을 반짝이며 쭉쭉 뻗은 고층빌딩을 바라보고 있으면 인간이 저렇게 거만해도 되는지 생각하게 된다. 이 대지가 절대로 흔들리지 않는다는 전제하에 몇 백년간 살아 온 나무를 잘라내고 콘크리트에 땅을 가두고 세워진 수많은 고층빌딩들. 자연은 그런 인간들의 건방에 보복하지 않을까?

　대지진 예측을 겁내는 것은 아니지만 이곳을 지날 때마다 저 수많은 유리창이 무수하게 떨어지는 모습을 상상하지 않을 수가 없다.

　고등학교 시절, 느티나무 가로수가 아름답고 조용한 하라주쿠原宿로 옮겨 와 눈 깜짝할 사이에 빌딩이 들어찬 젊은이들의 거리로 변하는 과정을 지켜본 나는, 도쿄는 더 이상 회복될 수 없을 만큼 병들어 있다고 생각한다. 새벽 한 시, 두 시까지 회사에서 일을 하고 택시로 록본기를 달리면 거리는 낮으로 착각할 정도로 밝고 정체로 차가 움직이지를 않았다. 그럴 때 나를 포함하여 잠들지 않는 밤을 당연하게 생각하는 인간이 이렇게나 많이 늘어나도 좋은 것일까 생각하게 된다. 그런 나에게 아들의 산촌 유학은 병들지 않은 땅과 사람이 일본에 아직도 많이 있다는 것을 가르쳐 주었다.

　밤샘을 거듭하며 마침내 일을 마치고 산촌 유학생들의 부모들과 만나기로 한 신주쿠역에 숨이 턱에 차오르도록 달려 나간다. 열차, 또는 자동차 자리에 앉으면 마음이 가라앉으면서 어떤 피로도 순식간에 날아갈 정도로 안심이 된다.

4월 입학식에 5월 농가 방문, 9월 운동회, 11월 수확제, 12월 학교 개인 면접에 3월 수료식. 그 사이에 자유 참가하는 수업 참관, 마을 운동회, 교내 음악회, 엄마와 아빠가 함께하는 스키. 일 년에 일곱 번 이상 있었던 야사카행은 시간과 비용이라는 점에서는 힘들기는 했지만 일에 대한 기력을 되살려 주는 생명의 세탁이기도 했다.

"어머니들, 한가하시면 잠깐 손 좀 빌려 주시겠어요?"

고와마 미요 선생님이 말을 걸어 큰 봉투 한가득 쑥을 캤다. 살짝 끓는 물에 데쳐 쌀가루와 함께 섞어 엄마, 아빠와 아이들이 함께 예쁜 초록빛 떡을 빚었다. 센터 뒤 숲에서 간신히 안을 수 있는 커다란 양재기를 버섯으로 가득 채운 적도 있었다. '나물 캐기'에서는 나물 다듬는 법과 짚으로 묶는 법 하나 하나에 혹독한 추위에 대비하는 사람들의 지혜를 배웠다. 중학생 부모들은 밭의 풀베기에 참가해 그것이 얼마나 힘든 일인지 체험했다고 한다. 딱 반나절 일이었는데도 평소에 체력에는 자신 있다는 잡지 기자인 이나바 쿄코 씨가 돌아오자마자 잠들어 버렸을 정도다.

센터 주방에서 150명 분의 튀김을 튀기는 일을 도운 적이 있었다. 된장을 가미해 살짝 볶는 농가 어머니의 버섯 요리는 내 요리의 맛을 바꾸었다. 마을에서 운영하는 '아스카소明日香莊'의 명물 '오야키'는 주변 사람들에게도 큰 즐거움을 선사하였다.

오야키는 옛날 먹고 살기 힘들었던 시절, 쌀을 먹기 힘들었던 시대의 지혜로 만들어진 향토음식으로, 가루를 반죽하여 계절 야채를 속에 넣어 둥글게 굴린 뒤 먼저 냄비에 구운 다음 다시 재 속에 묻어 천천히 쪄서 굽는 것이다. 이로리가 없어진 지금 어머니들은 찌거나 프라이팬에 굽는데 아스카소에서는 전통적인 방법을 지키며 하루에 몇백 개씩 구워 낸다. 여름에는 달큰한 된장을 섞은 가지로 속을 채우고, 나머지 계절은 야채를 넣은 비지를 넣는다. 살짝 달콤하기까지 한 그 신기한 맛은 맛 평론으로 유명한 사람들에게,

"정말 감동적인 맛입니다. 오야키에는 문화가 살아 있어요."

하는 말을 하게 했을 정도다.

내가 야사카에 간다는 말을 들으면 친구들에게 "오야키 사오는 것 잊지 마." 하는 전화가 걸려오곤 했다. 연하장에 "올해도 오야키 부탁

산촌 유학 아이들은 식사 시간이 되면 어른들이 도와주지 않아도 상 차리는 일을 척척 알아서 맡는다. "이런 곳에 있을 수 있다니 도모는 참 좋겠다."

해요.” 하고 써 오는 사람들조차 있어 나는 갈 때마다 택배로 몇 십 개씩 보낼 정도가 되었다.

아스카소에는 24시간 목욕할 수 있는 깨끗한 광천이 있고 아름다운 산맥을 바라보면서 들어가는 전망 좋은 목욕탕 또한 생명의 세탁이었다. 초등학교 바로 옆에 있었기 때문에 우리들은 때때로 여기에 머물며 학교 행사에 참가하기도 하고, 기다리는 시간을 이용해 목욕을 즐겼다.

야사카 마을에는 그즈음, 마을 사람들의 정착을 꾀할 목적으로 마을에서 운영하는 주택이 세워졌다. 넓은 일본식 거실과 양식 거실, 넓은 부엌에 토방과 정원까지 갖추고 임대료는 2만 엔이었다. 감탄하는 나에게 아오키 선생님이 웃으며 말했다.

“어때요? 도쿄 생활은 접어 버리고 이쪽으로 오시지 않을래요? 잘만 아껴 쓰면 생활비도 4, 5만 엔 정도밖에 안 들고, 일은 여기에서도 할 수 있어요.”

맞아! 회사를 만드는 게 아니었어, 순간 그런 생각을 해 보기도 했다. 입학식도 얼마 남지 않은 어느 날, 도모가 한 말이 생각났다. 멋진 북알프스 전망에 감동하며 나도 모르게 이렇게 말했다.

“이런 곳에 있을 수 있다니 도모는 참 좋겠다.”

도모는 한참을 생각하더니 이렇게 말했다.

“맞다. 엄마, 좋은 생각이 있어요. 센터에서 밥을 만들어 주면 되잖아요?”

정말 그렇기는 하다. 모자 둘이서 어디에서 살건 이 아이가 제대로 자랄 수만 있다면 되지 않겠는가. 게다가 나는 학생 때부터 마치 하숙집 같았던 우리 집의 부엌일을 도와주고 있었다. 예전에 프리랜서로 일할지 어떨지 고민했을 때도 "일거리가 정 안 오면 입주 도우미를 하며 살면 되지." 하고 결심을 한 뒤 조금씩 자리가 안정되어 가던 회사를 깔끔하게 그만둔 적도 있었다.

"이러니 저러니 해도 넌 도시가 아니면 살기 힘든 사람이야." 라고 친구들한테도 놀림 받고, 아오키 선생님한테도 "센터에서 일하려면 젊은 사람이 좋기는 하지요." 하는 말을 들었지만 언젠가는 나도……, 하며 꿈을 꿀 뿐이다.

부모들의 배움터

최근 일 년간, 아이들이 변하는 동안 부모들도 변했다. 센터의 큰
방에서 베개를 나란히 하고 잠들고 야사카에서 오는 편지에 울고 웃
고, 산촌 유학의 갖가지 일들을 진지하게 의논한 생활은 다른 사람들
이 도저히 알 수 없는 큰 영향을 가져다주지 않았을까?

예를 들면 당시 니혼바시日本橋에서 주문 도시락 집을 경영하던 고
지마 류스케小島隆輔 씨는 남자 아이 둘을 유학시키기까지는 자기 일
을 쉬는 것에 대해 생각해 본 적도 없었다고 한다. 부모님 대부터 가
업을 물려받아 동급생인 고즈에 씨와 결혼해서는 집안일을 맡기고 오
로지 일에만 매진해 왔다. 모든 것이 그의 재량으로 움직였을 것이다.
그러던 것이 야사카에 가기 위해서 처음으로 휴가를 내고 종업원들에
게 일을 맡기는 경험을 하게 되면서 자신의 일에 대한 새로운 발견을
했다고 한다.

아이에 대해 처음으로 진지하게 이야기를 나누었다는 부부도 있었
다. 야사카에 오기 전까지 부부가 같이 외출한 적이 한 번도 없었다는
사람도 있었다. 그리고 내게는 '아버지'의 존재에 대해 알게 된 귀중
한 나날이기도 했다.

어린이집에서 보낸 6년과 아자부 초등학교에 다니던 일 년 동안,
나는 다른 사람들보다 더 많이 어머니들과 교류하며 외동아이를 키우

도시 부모들은 농가 부모에 대한 믿음과 신뢰를 쌓은 뒤에 아이들을 맡기려 한다. 아버지 없이 자란 도모는 모든 사람이 하나같이 아버지의 눈으로 바라봐 주는 곳에서, 언제나 누군가의 어깨에 올라타거나 남자 어른들 옆에서 지내는 일이 많았다.

는 데 도움을 받았지만 아버지들과 접촉하는 일은 거의 없었다. 어린이집에서는 아이들을 배웅하고 마중 나오는 아버지들과 이야기를 나누는 일은 있었지만, 초등학교에서는 얼굴조차 본 일이 없다. 하지만 산촌 유학 현장에서는 나는 언제나 아버지들과 대등하게 만날 수 있었다. 단 한 사람이라도 누구누구의 남편이 아니라 성별을 넘어 아이들의 아버지로서 이야기를 나눌 수 있었다.

산촌 유학 부모들의 관계는 독특한 것이 숨어 있다. 어떤 모임이건 각각의 경우에 맞게 부부 또는 어느 한 쪽이 반드시 참석하는데, 어느

쪽 부모가 참석하건 곁에서 멀리 떠나 보낸 아이들의 부모들끼리 아주 열심히 정보를 나눈다. 나뿐만 아니라 어떤 어머니나 아버지들 모임에서도 이렇게 이야기 나눌 수 있는 기회는 없었던 것 같다.

우리들 부모들이 만나는 장소는 야사카 모임 말고도 여름과 겨울, 아이들이 돌아오기 전후에 열리는 부모 간담회가 있다. 이 모임은 농가와 센터 아이들의 모습을 아주 세세하게 보고받을 수 있는 기쁨의 장소이기도 하지만, 동시에 부모들이 아이들의 생활을 통해 스스로의 어리석음을 보여 주게 되는 장소이기도 하다. 모임이 끝나면 반드시 술자리로 이동하여 떠들썩하게 보내는데 그 자리에서 우물쭈물하는 내 모습을 신랄하게 꼬집어 주는 이는 고등학교 선생님인 가지와라 씨다.

"고쿠분 씨, 아이들한테는 아이들이 좋아하는 것을 시키면 돼요. 부모들이 일일이 말하지 않아도 아이들은 잘 자라 줍니다. 특히 도모는 방목해서 키우는 게 좋아요"

기분 좋게 목소리를 높이며 그렇게 말하는 본인은 정작 몇 년 전 부인의 단호한 결단으로 중학생인 장남을 야사카로 보냈을 때 삐져서 이런 자리에는 얼굴도 내밀지 않던 사람이었다. 내가 처음 만났을 때도 "아이를 야사카에 빼앗겼다."고 말했고, 첫째 아이의 유학이 끝날 무렵 다시 어린 이마코를 산촌 유학에 보냈을 때조차 입학식에 오지 않았을 정도였다.

과거 영광의 그랑프리 레이서로 이름을 날렸던 다키 신타로 씨가 아버지 없이 자라난 이야기를 하며 그 때문에 아버지다운 아버지가 되기 위해 얼마나 노력했는지에 대해 가슴 저리게 이야기해 준 적도 있었다. 틈만 나면 야사카에 가서 아이들이 멋진 사진을 찍고 있는 사토 씨가 딸을 대하는 방법은 부드럽고 따뜻한 아버지의 모범을 보여 주었다.

모든 사람이 하나같이 도모를 아버지의 눈으로 바라봐 주었다. 그런 마음을 아는지 야사카에서 보는 도모는 언제나 누군가의 어깨에 올라타거나 아니면 나보다도 남자 어른들 옆에서 지내는 일이 많았다. 그런 아들을 바라볼 때마다 아버지 없이 도모에게 평생을 보내게 했다는 아픔에 가슴이 시렸다.

'소다테루카이'는 부모를 '키우는 모임'이기도 했다. 스스로 곁에서 떼어 냈건만 부모는 아이들에 대한 마음을 끊지 못하고 무언가 일이 생기면 이성을 잃고 지도 교사들에게 항의했다. 나 역시 예를 들면 "마을 치과 의사한테 영구치를 뽑혔다."는 아들의 말을 들었을 때는 있을 수 없는 일이라고 생각하면서 험악한 얼굴로 아오키 선생님에게 따지고 들었다. 결국 유치였다는 것을 알고 쥐구멍에 숨고 싶었던 적도 있었다. 하지만 어떤 경우에도 아이를 아는 선생님들은 부드럽게 대응하고 농가는 무언으로 답해 주었다. 우리한테는 그것이 평생 마음에 남을 만큼 가슴을 촉촉하게 만들어 주었다.

산촌 유학생의 가정상, 부부상

아이를 산촌 유학에 보낸다고 하면 오직 내 자식을 위해서 한 결정 인데도 사람들은 먼저 맞벌이라서 아이를 키우기 힘들거나 또는 어딘 가 문제가 있는 가정이라고 생각하기 쉽다. 하지만 내 경험에 비추어 볼 때 오히려 부부 사이가 굉장히 좋은, 가족들의 사랑이 넘치는 가정 이라는 느낌을 많이 받았다. 그러지 않고서는 일 년에 몇 번씩 집을 비우고 비용을 들여 가며 보통 같아도 부담이 큰 여행이 되는 이런 오 지마을 야사카에 오직 자식을 위해서 찾아오는 일은 어려울 것이다.

할아버지, 할머니와 함께 사는 가정이 많은 것도 나에게는 의외라 면 의외였다. 귀여운 손자손녀들의 모습을 본인 눈으로 확인하기 위 해 행사 때마다 야사카를 찾아오는 할아버지, 할머니들은 나이를 느 끼지 못할 정도로 절제되고 부드러운 사람들이었다.

산촌 유학을 하는 부모들의 부부상은, 아버지는 온화하거나 또는 성실한 유형이고 어머니는 강하면서 똑 소리 나는 사람들이 많은 것 같다. 원래 그렇지 않으면 도저히 자식을 떠나 보내는 결단을 내리기 힘들 것이다. 야사카에서는 부모들도 많게는 사흘 이상 침식을 같이 하기 때문에 부부의 사소한 일까지 귀에 들어오는 일도 있었지만 어 머니들은 하나같이 남편을 치켜 주며 신경을 써 주고 있는 것이 느껴 졌다. 각각에 무언가를 같이 헤쳐 나온 부부의 연륜이 그곳에 있을 거라며 나도 부럽게 바라본 적도 있었다. 그렇지만 어느 한 쪽의 반대를 무릅쓰고 유학시킨 부부, 또는 잠시라고는 하지만 아이라는 연결고리를 잃어버린 부부 사이에 그 나름의 풍파도 일었을 것이다. 각자 가정의 미세한 마음의 문제는 알 도리가 없지만 그 갈등의 파편이 귀에 들려온 적도 있었다. 1년, 2년이라는 긴 시간 동안 가정이 따로 따로 산다는 것은 좋건 나쁘건 큰 영향을 미치고 있을 것이다.

산촌 유학에 드는 돈

산촌 유학이 문제가 될 때마다 논쟁의 중심이 되는 것은 비용이다.

괜찮은 생각이라며 우리 아이도 보내고 싶다며 의욕을 보인 남자들도 막상 비용 이야기를 들으면 "그 정도면 나한테는 좀 어렵겠다."며 한숨을 내쉰다.

"세상에 대학생 하나 키우는 값이네. 당연히 좋아야지."

하고 말하는 사람도 있다. 알뜰하기로 소문난 이웃집 아줌마는 의외로 이렇게 말했다.

"그 정도면 비싸지 않아요. 우리 애가 다니던 초등학교는 올해 월 사금만 해도 5만 엔(한화 50만 원 정도)인 걸요. 거기에 학원에도 보내야 되고 뭐 하나 배우려면 그 정도는 들어가요. 먹고 재우고 교육까지 시켜 주는 데 그 정도면 저렴한 편이에요."

부모들은 자영업을 하거나 맞벌이를 하는 사람들이 많다면 많지만 모두가 풍족한 것은 아닐 것이다. 아이를 산촌 유학에 보내기 위해 일을 시작한 엄마도 있고, 어느 집이건 각자 고생하며 비용을 대고 있음에 틀림없다.

"월사금은 내가 내기로 했기 때문에 월급에서 16만 엔(한화 160만 원 정도)을 빼고 나면 2년 동안 옷 한 벌 사 입기 힘들어요."

남자 아이 둘을 유학 보낸 맞벌이 엄마가 말했다.

내 경우만 해도 혼자 어떻게든 하고는 있지만 잠자는 시간을 쪼개
가며 일을 하고 적금은 꿈도 꾸지 못한다. 주변 사람들은 "그러다 병
이라도 나면 어쩌려고 그래?", "대학에 보내는 비용도 만만치 않아."
하고 말하지만,

　　'절대로 병에 걸리지 않아. 병에 걸리면 그때는 그때 가서 고민하
　　고 대학에 가고 싶다면 혼자 힘으로 가게 할 거야.'
하고 낙천적으로 생각하고 있을 뿐이다.

　　마음 깊은 곳에서는 만약 지금 일이 없어진다면, 먹고사는 일이 보
장되는 입주 도우미를 해서라도 산촌 유학을 계속 시키겠다며 결의를
다지고 있다. 중요한 것은 사람들 각자의 생각이 아닐까?

'소다테루카이'의 경제 사정

비용을 지불하는 사람들 처지에서는 비싸지만 비용을 받는 사람들은 어떨까?

월사금 가운데 몇 만 엔을 농가에 지불하고 나면 센터는 나머지 돈으로 24시간 근무하는 지도 선생님들을 채용하고, 센터 활동을 하고 아이들 식사를 준비하고 갖가지 행사를 하기 때문에 도저히 이익이 난다고는 할 수 없을 것이다. 아오키 교장선생님은, "비용이 들면 드는 만큼 받고 있어요."라고 말하지만 모임 운영은 봉사 활동과 후원금으로 유지되고 있다. 센터를 세우기 위해서 빌린 돈이 아직도 많이 남았다는 이야기를 들었다.

나가노현 출신인 아오키 선생님은 입시 중심 교육에 한계를 느끼고 18년간 일하던 초등학교를 그만두고 독자적인 교육을 위해 임의 단체인 '소다테루카이'을 만들었다.

교육 잡지 『소다테루』을 발행하는 일부터 시작해서 그 비용을 대기 위하여 주말에는 나가노에서 도쿄까지 중고차를 운반하여 임금을 받고 노점에서 장난감을 판 적도 있었다고 한다. 산촌 유학을 발족시키기까지 7년간 준비 기간이 있었고, 마을을 설득하고 조직을 만들기 위해 한 고생은 이루 말도 다 표현할 수 없을 것이다. 센터 건설 비용은 산촌 유학 취지에 찬성하는 마을 유지의 명의로 빌릴 수가 있었지

아이들이 즐겁게 지낼 수 있도록 소다테루카이 활동가들은 온갖 일을 해야만 했다. 장난감을 싣고 다니며 팔기도 하고, 아오키 선생님은 집을 팔기까지 했다. 아오키 선생에게는 존경과 감탄을 금할 수가 없다.

만 그것을 갚기 위해 집까지 팔았다고 한다.

"그동안 안사람이 밥을 먹여 준 거나 마찬가지"라며 웃으셨지만 재단법인의 이사장이 되어 교육자로 이름이 알려지기 시작한 지금도, 결례인 줄 알지만 무척 검소한 모습이시다.

아이들 한 사람 한 사람의 특성을 지켜보는 아오키 선생님의 부드러운 눈길, 폭넓은 시야, 섬세함. 그것은 부모들도 거역하지 못한다. 아이들과 부모들이 일으키는 문제에 질려 하지도 않고 화내지도 않고 부모들이 깊이 생각할 수 있는 주제로 전환시키는 것에 존경과 감탄을 금할 수가 없다. 조금 고집스럽기는 하지만 아이들한테 거는 말을 듣고 있다 보면 그 온화함과 따뜻함은 천성에서 온 것인지, 아니면 신념이 그렇게 만든 것인지 나도 모르게 생각에 잠기곤 한다.

야사카에서 여흥이 무르익자 선생님은 나가노의 노래인 〈시나노의 고향〉을 해설까지 곁들여 불러 주었다. 그 옛날, 동료들과 모교인 나가노 사범학교(지금의 신슈 대학 교육학부 전신)의 교육 이념을 전국으로 넓히고자 이 노래를 부르며 맹세했다고 한다.

아이들에게 아오키 선생님은 안심하고 안길 수 있는 아버지다. 항상 누군가가 무릎 위에 앉아 엉겨 붙어 어리광을 부리고 있다. 호적상의 아버지가 아니더라도 이렇게 좋은 아버지를 얻은 도모는 행복할 것이다.

"엄마, 저는 역시 도쿄가 싫어요.
친구들은 텔레비전 게임만 하고 야사카처럼
다 같이 함께 놀 수가 없어요."
둘뿐이라고는 하지만 나는 그렇게 소원하던 가정을 가졌다.
아무리 일이 바빠도 저녁에는 돌아와서 따뜻한 음식을 둘러싸고
도모랑 같이 이야기를 나누고 싶다. 때때로 이 손으로 안아 주고 싶다.
자립심 강한 도모는 이제 혼자 걸어가고 싶을지 몰라도
나는 아직 한동안은 단짝으로 함께 살고 싶다.
그러니까 도모, 이제는 돌아와 줘.

이제, 그만 집으로 돌아와 줘!

오키나와에서 온 나츠키

2년째를 맞이한 야사카 초등학교 입학식에서 교장선생님을 비롯하여 내빈, 신입생, 부모 대표 등 모든 사람들이 인사를 나누면서 나눈 말이 있다. 멀리 오키나와에서 새로 1학년으로 입학한 다마시로 나츠키玉城夏樹 군에 대한 환영과 격려 인사였다.

나츠키 군의 유학은 마을과 학교, 아이들과 부모들한테도 2년째 큰 사건이었다. 이 해는 나츠키 군 외에 히로세 류이치 군, 요헤이 군의 여동생인 모모코 양 둘이 새로 1학년을 맞이했지만 모모코는 일 년 동안 오빠들의 생활을 지켜보며 자기가 졸라서 온 유학이었기에 기분은 2년째를 맞이한 것이나 마찬가지였다.

멀리 남국 오키나와에서 이 혹한의 산골로, 이렇게 어린 아이를? 이라고, 누구나 이렇게 생각할 것이다. 게다가 부모들의 방문 비용도 만만치가 않다. 우리들 부모들의 걱정은 거기에 집중되었다. 하지만 우리 걱정과는 달리 함께 온 토건업을 하는 할아버지는 오키나와 사투리로 이렇게 대답했다.

"첫 손자에게 꼭 한 번 본토의 자연을 보여 주고 싶었습니다. 항상 여름밖에 모르는 아이에게 겨울의 혹독함을 가르치고 싶어요. 덕분에 우리들도 오키나와에는 없는 녹색과 꼿꼿하게 똑바로 자란 나무를 볼 수가 있었습니다. 모든 일을 각오하고 있습니다."

"생활을 함께 하는 집단의 좋은 점은, 무슨 일이 일어나건 반드시 구해 주는 아이가 나타난다는 사실"이라고 아오키 선생님은 말했다. 산촌 유학에서 처음 만난 아이들은 함께 지내는 동안 모든 것을 스스로 극복하고 부모도 접근하기 힘들 만큼 강한 연대를 이루곤 한다.

가족 모두의 염원을 담아 보낸 유학인 것일까? 나츠키 군의 가방에는 손으로 만든 부적이 매달려 있었다. 그리고 그 부적에는 "나츠키 힘내!" 하고 쓰여 있었다.

동생이 병약하다 보니 나츠키 군을 거의 돌보지 못했다는 어머니는 어떤 심정으로 자식의 유학을 결정한 것일까? 『산울림』에 실린 글에 강한 아이로 키우고 싶다는 염원이 이렇게 쓰여 있었다.

오키나와 사람은 도쿄에 공부하러 갔다가 출세하지 못하고 돌아와도, 사업에 실패하거나 또는 도쿄에 염증을 느껴 돌아와도 기꺼이 그 사람을 반겨 줍니다. 오키나와에서는 아무리 가난해도 절대로 굶어 죽는 일이 없습니다. 반드시 누군가가 손을 내밀어 주기 때문입니다. 그러기 때문에 오키나와 사람은 다른 현의 사람들에 비해서 열심히 할 줄 모르는 것 같습니다.

오키나와는 역사에서도 늘 어느 나라의 지배를 받아 왔습니다. 그것은 어떤 나라 사람이라도 쉽게 받아들이고 지배를 받아도 아무렇지도 않은 인간을 만들고 말았습니다. 오키나와는 기후뿐만 아니라 사물에 대한 생각, 느끼는 방법까지 다른 현의 사람들과 크게 다릅니다. 우리들이 아이를 산촌 유학에 보낸 이유 중 하나도 바로 그런 까닭입니다.

눈썹이 진하고 피부색이 검고 남국에서 자란 아이답게 동작도 말투도 느긋한 그 아이는 아오키 선생님에게 "저 녀석 상당한 인물감이

네.” 하는 말을 들었지만 역시 어린아이는 큰 아이의 짐이 되어 문제의 씨앗이 되기 십상이다. 특히 나츠키는 아무리 늦어도 유유자적 제 속도를 지키는 아이다 보니 아이들은 그런 나츠키를 지겨워하며 왕따시킨 적도 있었다고 한다.

“여름방학 즈음해서는 아이가 몹시 기운이 없었다.”라고 어머니는 적고 있다. 하지만 “생활을 함께 하는 집단의 좋은 점은, 무슨 일이 일어나건 반드시 구해 주는 아이가 나타난다는 사실”이라고 아오키 선생님은 말했다. 도와주는 아이가 한 사람이라도 있으면 마침내 관용의 마음이 확산되어 그런 아이를 어떻게 이끌어 나가야 될지에 대한 지혜도 얻게 될 것이다. 그러고 보니 도모의 일기에도 이런 구절이 있었다.

오늘은 나츠키가 함께였기 때문에 많이 늦었습니다. 못 말립니다. 그래도 할 수 없습니다.

나는 그해의 ‘엄마, 아빠랑 함께 하는 스키 교실’에서 본 나츠키를 잊을 수가 없다. 입학식 전 겨울 합숙에서 너무나 지독한 추위에 울어버렸다던 아이가 산중턱에 지그재그로 세워진 스톡 주변을 멋지게 원을 그리며 내려왔기 때문이다.

“나츠키, 이제 잘 타네.”

나도 모르게 말을 걸자 나츠키는,

"그래도 아직이에요."

썰렁하게 말하고는 다시 산으로 올라갔다. 그 일사불란한 뒷모습
이 야사카에서 보낸 나츠키의 일 년을 이야기해 주고 있었다.

아들이 왕따를 당하다!

친구인 다카하시 야스코高橋靖子가 통통 튀는 목소리로 전화를 걸어왔다.

"오늘만큼 유지悠治의 성장을 느낀 적이 없었어."

유지는 도모보다 6개월 정도 늦게 태어나 어릴 때부터 "우리들은 친구형제"라고 말했을 정도로 친한 아이다. 그날 유지는 갑자기 친척을 만나게 되었는데, 처음 만나는 자리에서 친척으로부터 "잘 해야 돼."라는 말을 듣고는 마치 어른처럼 차분하게 예절을 지키며 식사를 했다고 한다.

그런 이야기를 들으니 또 다시 가슴이 설레었다. 만날 때마다 눈이 휘둥그레질 만큼 빠른 성장에 놀라지만 그런 평소의 작은 성장을 누가 봐 주고 있을까? 농가 엄마가 만날 때마다 섬세하게 아이들 모습에 대해 말해 주지만 그때, 그 장소에서 엄마가 봐 주지 못한 일이 나중에 커서 어떤 지장을 주는 것은 아닐까? 도모의 경우 이렇다 할 문제가 일어나지 않았지만 무언가 그런 일이 자꾸만 연상되었다.

"학부모 모임도 힘들어요. 우리 애는 문제아이기 때문에 별별 일이 다 있어요."

예전에 함께 일하던 여자 분과 오랫동안 긴 전화를 했다. 그랬다. 이제는 나도 모르는 사이에 아이의 학교생활과도 조금씩 거리가 생기고 말았다. 학기가 끝나 갈 무렵 총정리해서 받아보는 학급 소식은 인원수가 적은만큼 아자부 초등학교 때보다 훨씬 더 섬세하게 아이들에 대한 일이 쓰여 있었지만 그 모든 것은 지나간 다음에 알게 된다. 그때그때의 사건에 대응해 줄 수 있어야 비로소 부모라고 할 수 있는 것은 아닐까?

2년째가 되면 아이들도 우리와 마찬가지로 외로움을 느끼지 못할 거라 생각하고 있었는데 그렇지는 않았다. 1년차는 아이가 열심히 잘하고 있으니까, 라며 자신을 추스르고 있었지만 2년차에는 아이가 잘하고 있을 거라는 생각이 드는 만큼 오히려 떨어져 사는 외로움이 솟구쳐 올라왔다.

그해, 같은 농가로 배정받은 나가시마 유코의 어머니에게 이런 이야기를 들은 것은 그런 2년차의 외로움에 빠져 있을 때였다.

"도모 엄마가 걱정할까 봐 말하지는 않았지만, 1학기에 도모가 농가에서 왕따를 당해 완전히 자신감을 잃고 굉장히 힘들어했대요. 농가 엄마도 고민할 정도였다고 하네요."

말 그대로 아닌 밤중에 홍두깨를 맞은 격이었다. 여름방학에 돌아왔을 때 그런 모습을 보이지 않았던데다가 농가 이야기를 할 때도 힘든 내색을 비추지 않았는데 도대체 무슨 일이 일어났던 것일까?

농가 어머니의 조용한 제재

2년차인 9기생은 42명으로 늘어나 더 역동적인 집단이 되었다. 유학생의 반 이상이 바뀌고 농가 할당도 해마다 변하기 때문에 도모는 또 다시 새로운 형제 관계를 체험하고 있었다. 이 해, 도모가 간 곳은 학교에서 7킬로미터나 떨어진 제일 깊은 산골에 있는 소야마曾山 지구다. 농가 아버지는 1기부터 아이들을 맡아 농가 대표를 맡고 있는 스와 요시쥬 씨다. 언제 보아도 웃는 얼굴밖에는 본 적이 없는 사람인데 아이들한테는 굉장히 엄하다고 한다. 같은 나이의 신노스케와 장난치며 지내던 작년과는 달리, 중학생 2명에 6학년인 나카가와 기요시中川清志 군과 5학년인 나가시마 유코 양, 4학년인 소부에 히로유키祖父江之 군 등 형과 누나들 틈바구니에서 제일 아래이다 보니 위에서 오는 압력도 꽤 컸던 것 같다. 한참이 지나서야 농가 엄마가 가르쳐 주었다.

"도모가 처음 왔을 때는 정말 떠들썩하고 말도 잘했어요. 그러다가 점점 힘이 없어지면서 입을 다물고 조용히 방으로 들어가게 되었지요. 이상하다 싶어서 기요시에게 물어보니 그 애가 화가 나면 도모를 때리고 있었더군요."

그랬다. 작년 수확제 때도 도모가 기요시에게 달려들었다가 팔이 비틀려서 분하다 못해 울고 있었다. 수의사인 기요시의 어머니도 "저

농가의 부모는 아이들을 돌보는 책임자이고, 생활을 가르치는 스승이고, 때로는 좋은 친구이가 되기도 한다. 그러면서 아이들 또한 부모들이 보지 않는 곳에서 스스로 변화하며 자란다.

두 사람 호흡이 영 안 맞네요."라며 이들이 짝으로 결정되었을 때 걱정하고 있었다. 하지만 농가 엄마는 말한다.

"그래서 기요시에게 말해 주었어요. '때릴 때 어느 쪽 손을 쓰니? 이번에 화가 날 때 안 쓰는 손으로 네 얼굴을 같이 때려 봐. 그러면 맞는 사람의 기분을 알게 될 테니까.' 그 후로는 더 이상 때리는 일이 없어졌어요."

나는 놀랐다. 어쩜, 이런 어눌한 엄마가 종교인 같은 말을 아무렇지도 않게 꺼낼 수 있는지. 내가 다른 아이를 맡았어도 이런 말을 할 수 있었을까?

하지만 도모의 의욕 상실은 기요시 군의 탓만은 아니었던 것 같다. 스와 씨의 집은 야사카에서도 보기 힘들어진 전업농가다. 농번기와 야채를 출하할 때는 밤 8시 넘어서까지 저녁도 먹기 힘들 정도로 바빠, 어린아이조차 농가 작업을 도와주지 않으면 안 된다.

나고야에서 온 4학년 고지 군은 "정말 잘하네." 하며 아버지가 감탄할 정도로 잘하는 아이다. 재치 있고 재빠르다. 몸은 도모보다 작지만 무슨 일이든지 잘하고 게다가 정리정돈 같은 것도 유학생 가운데 가장 잘 했다. 한편 도모는 노는 데만 정신이 팔려 돕는 일도 잘 까먹고 정리정돈은 최악이다 보니 당연히 다른 아이들의 공격 대상이 되었을 것이다.

외동아이인 도모한테는 귀중한 체험이기는 했지만 본인한테는 얼마나 힘들 일이었는지, 지금 생각해 보면 짐작 가는 일이 있었다.

운동회, 수확제로 야사카에 갈 때마다 둘만 남으면 도모는 정말 말을 안 듣는 아이였다. 꼭 사야 되는 게 있으니까 지금 바로 오오마치로 사러 가자며 억지를 부리기도 하고 별것도 아닌 일에 눈물을 보이며 화를 내 나를 실망하게 만들었다.

"아무리 잘해도 역시 타인들 속에 있는 겁니다. 겉으로는 어리광을 부리는 것처럼 보여도 속으로는 몹시 마음을 쓰게 되죠."

하던 아오키 선생님의 말씀이 떠올랐다.

하지만 아이들은 모든 것을 스스로 극복하고 부모도 접근하기 힘들 만큼 강한 연대를 이루고 있었다.

수료식이 있던 날 농가 아버지는 "올해의 아이는 지금까지 중에서 제일 균형이 잡혀 있다."고 말하고 있었고, 마지막 회식 자리에서 기요시 군의 어머니는 "저 두 사람, 사이가 좋아 보이죠?"라며 내게 속삭였다.

아이들은 부모들이 보지 않는 곳에서 변모하며 성장해 간다.

야구치 선생님과 학급 소식

진급을 축하합니다!

3월에 신노스케 군과 요헤이, 나오미, 세 명의 유학생이 떠난 4학년에 새로운 친구 두 명이 들어왔습니다. 사이다마현埼玉縣에서 온 아카마츠 도모히토赤松智仁 군과 시즈오카현靜岡縣에서 온 이케다쿄코池田今日子 양입니다. 앞으로 여기 있는 열네 명이 서로 힘을 합쳐 재미있게 놀고 공부하고 생활하기를 바라며, 저 또한 열심히 노력할 것입니다.

30일, 그리고 어제, 긴 방학으로 더러워진 학교 건물을 모두가 굉장히 열심히 청소해 주었습니다. 몸을 움직여 일하는 것을 싫어하지 않는 이 아이들이 올해도 더 눈빛을 반짝거리며 활동해 주기를 바랍니다.

이것은 도모가 3년차 되던, 4학년 학급 소식 1호에 실린 구절이다.

눈 깜짝할 사이에 지나간 1년이었다. 왠지 2년차는 1년차일 때보다 빠르고 짧은 것 같은 생각이 든다. 같은 2년차로 사이좋게 지내던 신노스케를 비롯하여 함께 들어온 아이들 대부분이 돌아갔지만 도모는 그러지 않았다.

"엄마, 만약에 가능하다면요, 가능하다면 저는 6학년까지 있고 싶어요."

이런 도모의 부탁에 져서 일단은 3년차 유학을 정했다.

2년차였던 지난 일 년간 도모는 안정되고 만족스러운 학교 생활을 즐겼던 것 같다. 2학년 때는 마을 아이 6명, 유학생이 4명이었던 도모 네 반은 3학년이 되면서 유학생이 9명으로 역전되었고 선생님도 소년 같은 앳된 선생님에서 출산 휴가를 마치고 복직한 여선생님으로 바뀌었다.

야구치 에이코朱口永子 선생님, 아직 젊지만 아이가 둘이나 되는 차분한 선생님으로 첫 수업참관에서는 섬세하면서도 상당히 개성 있는 수업 풍경에 내심 놀랐다.

한꺼번에 늘어난 유학생과 마을 아이들 사이도 잘 통합되었는지 2학년 때 있었던 그 시끌벅적하던 모습은 그림자조차 사라져 버리고 말았다.(지금 생각해 보면 도시에서는 결코 찾아볼 수 없는, 힘이 넘치는 수업도 포기하기에는 아깝지만 말이다.)

3학년 1학기 때 야구치 선생님 반 아이들은 선생님을 울게 하고 말았다. 마을 여자 아이 둘이 새로 들어온 유학생 여자 아이를 자기편으로 만들어 그전까지 유일한 여자 유학생이었던 아이의 교과서를 소각로에서 태워 버린 것이다.

여자 아이 세 명의 관계는 그냥 있어도 어려운데, 마을 아이 두 명은 어른스러웠고 그 아이는 다른 아이들보다도 독점욕이 강한 아이였다. 일 년 동안, 참고 참았던 마을 여자 아이의 감정이 새 친구를 얻으면서 한꺼번에 폭발한 것이다. 도모의 일기로 판단하건대, 선생님은 아이들을 한 사람의 성인으로 취급하여 이 사건을 해결했다고 한다.

지역의 학교에는 아이들 수가 적어 선생님에게 더 깊이 있는 가르침을 받을 수 있다. 고학년은 아이들끼리의 경쟁심을 키워 주지 않는 것이 오히려 문제라고 보는 사람들도 있었다. 하지만 인원이 적은 만큼 모든 아이들이 이해할 수 있을 때까지 성실하게 가르친다는 것이 산촌 유학의 장점이다.

세 시간이나 수업을 멈추고 아이들끼리 서로 이야기를 나누면서 2학기에 새 교과서가 올 때까지 교대로 교과서를 빌려 주는 것으로 사건은 일단락되었다. 게다가 이 사건은 결과적으로 반의 연대를 강하게 만드는 계기가 되었던 것 같다.

여름방학에 돌아왔을 때 아이들은 제일 먼저 이 사실을 부모들에게 보고했다고 하는데, 누가 했는지에 대해서는 어느 아이도 입 밖에 내지 않았다고 한다.

이날 도모의 일기에는 "선생님이 울어서 깜짝 놀랐습니다." 하고 쓰여 있었다. 그리고, 그 여백에 빨간 글씨로 빼곡하게, 마치 어른에게 말하는 것처럼 선생님께서 이런 글을 써 두었다.

선생님은 두 사람이 그렇게 마음 깊이 억눌려 있었다는 걸 몰랐어. 그렇게 싫은 일이 있으면 그렇다고, 그때 말해 주었으면 그런 일은 일어나지 않았을 거야. 그 아이들이 그렇게 힘들어질 때까지 아무것도 눈치 채지 못했다는 것을 생각하면, 두 친구에게 미안하고 슬프고 그래서 울었단다.

이런 야구치 선생님이 아이들을 대하는 방법을 멀리 떨어진 우리한테 알려 준 것은 학급 소식이었다. 학급 소식은 매주 농가 또는 센터에서 날아오는 것인데 선생님은 우리들 진짜 부모들을 위해서 한 부씩 파일로 만들어 보내 주었다. 이것을 그때그때 볼 수만 있었으면 얼마나 좋았을까 생각하지만 그것은 만나지 못하는 동안의 불안을 해

소해 줄 만큼 섬세하고 사랑이 넘치는 학급 소식이었다.

야사카에서 학습 진도는 어떤지, 수준은 어느 정도인지, 산촌 유학 이야기를 하면 반드시 질문 받는 것이 이런 것이다. 거기에 대해 나도 불안하지 않은 것은 아니지만 이 학급 소식을 보노라면 적어도 마음의 학습은 제대로 이루어지고 있다는 생각이 든다.

학과에 대해서는 특히 고학년은 서로 경쟁심을 키워 주지 않는 것이 문제일지 모른다. 하지만 인원이 적은 만큼 모두가 납득할 수 있을 때까지 성실하게 이루어지고 있다. 아니 오히려 기초를 다지는 데는 야사카가 한 수 위가 아닐까? 더불어 야사카 초등학교 통지표는 나가노현의 방침이겠지만 5단계 평가가 아니라 한 과목마다 그 아이 학습 상태가 문장으로 기술되어 있다. 얼마나 성실하게 기술하는지 대부분의 부모들이 감격했을 정도다.

야구치 선생님의 학급 소식은 작은 글씨로 빼곡하게 채워 놓았는데, 반은 공지사항과 그 주에 일어났던 사건이고 나머지 반은 아이들의 일기에서 발췌한 내용으로 채워져 있다. 3학년 학급 소식에서 일부를 소개한다.

일요일에 있었던 일

일요일에 무엇을 하며 하루를 지냈는지 아이들한테 물어보자 일을 도와주었다는 아이들이 굉장히 많아 감탄했습니다.

도시오俊夫 군은 니시노 쿠보西窪에 사는 할머니 집에 가서 작년에 심은 담배 뿌리를 파서 흙을 털어내고 굽는 일을 하였습니다. 데츠야는 비닐하우스 만들기와 벼 파종을 하고, 마키는 콩을 삶아 된장을 만드는 일과 아기 보기를 했고, 가나에는 파종과 꽃씨 심기를, 다카시希史 군도 씨앗 파종과 목욕탕 청소를 도왔고, 다케토威人 군도 씨앗 파종을 하는 등 모든 아이들이 일손을 도와주었다고 합니다.

'소다테루카이'의 회원들은 버섯 균을 심거나 균을 심은 통나무를 옮기는 일을 했습니다.

아이들의 이야기를 듣고 일기를 읽으면서 어른들에 버금가는 일을 하고 있는 아이들이 있어서 놀라움을 금할 수 없습니다. 이제부터 밭일이 바빠지면 아이들 손도 귀중한 도움이 될 것입니다. (4월 17일)

저학년 체육대회

지난주 월요일에 2학년 전원이 "우리들 1, 2, 3학년이 다 같이 축구와 터치볼을 하며 놀기로 했는데 함께 놀아 주세요."라며 3학년 교실에 부탁을 했다.

"야~호! 우리가 부탁하고 싶을 정도야."

하며 3학년은 대찬성. 2학년들은 놀이에 대한 설명을 한 후 3학년들과 이야기를 주고 받은 뒤 교실을 나서면서 "잘 부탁드립니다." 하고 인사를 하자, 3학년도 "저희도 잘 부탁드립니다."라며 힘차게 대답해 즐거워 보였

산촌 유학 아이들은 놀이를 할 때
도 저학년과 고학년이 골고루 섞인
다. 모두가 하나 되어 똑같이 무엇
인가를 열심히 하는 모습은 보고만
있어도 기분이 좋은 일이다.

"엄마, 만약에 가능하다면요, 저는
6학년까지 있고 싶어요." 산촌 유
학에서 2년을 보낸 도모는 결국 이
런 말을 했다. 안정되고 만족스러
운 학교 생활이었던 것이 분명했
다. 아이들은 놀면서 자란다.

습니다.(3학년 남자 아이들은 전부터 2학년들과 축구를 하고 싶어서 안달이 났던 만큼 2학년들에게 제안을 받고 뛸 듯이 기뻐했습니다.)

"자세한 계획은 2학년이 맡지만 연습은 3학년이 먼저 해 주기 바란다."는 말을 들은 3학년들은 "좋아! 맡겨 줘."라며 남자 아이와 여자 아이들이 매일같이 연습하고 있습니다.

한번 시작하면 굉장히 열심히 하는데 때로는 억척스러울 정도로 연습을 하는 3학년들이기 때문에 선생님이 주의를 준 것은 '1, 2학년도 함께 하니까 너무 심한 훈련은 하지 말고 즐겁게 연습할 수 있도록 잘 생각할 것, 그리고 1학년과 2학년이 모두 운동이 재미있었다고 생각하도록 해 달라'는 것뿐이었습니다. (중략)

모두가 하나가 되어 한 가지 일을 열심히 하는 모습은 보고만 있어도 굉장히 기분이 좋습니다. 그러나 1학년과 3학년은 체력이 몹시 다릅니다. 3학년들이 하는 그런 연습 방법은 1, 2학년한테는 부담이 된다며 걱정하는 아이들한테 말을 꺼낸 것입니다. 3학년도 이것을 충분히 이해하고 즐겁게 연습했다고 합니다. (10월 23일)

이젠 돌아와 줘

나는 고민하고 있다. 생각지도 못하게 3년 동안이나 유학을 시켰는데 도모를 계속 산촌 유학에 남겨야 할지 어떨지 고민하고 있다.

선생님은 만날 때마다 "도모는 6학년까지 있기로 정한 것 같아요." 하고 말하고 입학식 전부터 도모가 따르던 키로쿠의 아버지는 "도모는 내가 마무리를 할 테니까 6학년까지 맡겨 두라."며 술자리에서 이렇게 말을 걸어 왔다.

5학년 때는 꼭 불러들이겠다고 마음을 굳게 먹은 나를 흔드는 것은 도모의 마음이다.

"엄마, 돈만 된다면 일 년만 더 있게 해 주세요. 6학년이 되면 돌아갈 테니까요. 농가에서는 항상 제일 아래였으니까 위도 되어 보고 싶고, 4년차는 5학년이라도 리더가 될 수 있어요."

어떻게 할까? 너무나도 논리정연한 말에 나는 얼굴을 붉히고 시험 삼아 "돈도 이제 거의 바닥이 나서 힘들어." 하고 말하자 도모는 더 이상 야사카에 있겠다는 말을 꺼내지 않았다.

한번 차분하게 이야기를 해서 정할 마음으로 야사카에 내려가 3박 4일간 여행을 했지만 남자 아이라 그런지 여간해서 자기에 대해 꼼꼼하게 말해 주지 않았다. 차 안에서, 숙소에서 애를 쓰며 말을 꺼내 보았지만 지금 생각해 보면 아무것도 듣지 못한 것 같다. 도중에 "내년

산촌 유학 아이들이 이웃집 툇마루에 몰려가 한가롭게 놀았다. 아이들에게는 마을 전부가 놀이터이고, 마을 어른들 모두가 좋은 스승이다. 또래 친구들이 텔레비전 게임만 하는 도쿄는 싫다고 말하는 도모를 이해하지만, 엄마는 이제 그만 아이와 함께 지냈으면 싶다.

에는 돌아갈게요." 하며 아무렇지도 않게 말한 적도 있었지만 그러면 오히려 마음이 약해져서 "돈은 괜찮아. 정말 있고 싶으면 그렇게 해." 하고 말해 버리고 말았다.

기다려 주는 사람이 없는 집은 삭막하다. 일이 바쁜 나는 저녁은 밖에서 해결하고 밤늦게 돌아가 아침도 거르고 출근하면서 "매일 잠만 자고 나온다."며 우스갯소리로 사람들을 웃게 했다.

나를 가장 동요시킨 것은 이 어린 사촌을 동생처럼 생각해 주는 조카들이 단합해서 "돌아오게 해 달라."며 조른다는 것이다. 거기에 섬세한 부모한테서 자란 마음씨 고운 조카는 내 친구한테 이런 말을 했다.

"히로코 아줌마는 도모를 너무 어른 취급하는 것 같아요. 도모도 마음속으로는 더 아이답게 보살핌 받고 싶을 텐데 말이에요."

그럴지도 모른다. 도모는 6학년생으로는 보이지 않는 체격으로, 어릴 때부터 다른 사람들 속에 섞여 있다 보니 마음도 어른스러워져 있다. 어쩌다 보니 항상 어른 취급을 해서 마음에 부담을 주고 있었는지도 모른다. 그런가 하면 별 것도 아닌 일에 눈물을 뚝뚝 흘리는 모습을 보면 아직 어린애구나, 하는 생각에 한없이 예쁘고 귀여운 적도 있었다. 그런 부담은 마음뿐만 아니라 몸에도 영향을 미쳤는지 한눈에도 건강해 보일 만큼 체격은 실했지만, 어릴 때부터 열도 잘나고 야사카에서도 가끔씩 학교를 못 갔다.

"나도 큰애가 있었기 때문에 경험이 있어요. 본인도 몸집에 맞게

열심히 움직이고는 있지만 그 나이에는 그 나이에 맞게 자라는 곳
이 반드시 있는 법인데, 도모도 그래서 아픈 것이 아닐까?"

센터의 엄마인 고와마 선생님이 절절하게 말한 적이 있었다.

하지만 3년차 여름방학이 끝나고 돌아갈 때 도모는 마치 할 수 없
다는 듯이 말했다.

"엄마, 저는 역시 도쿄가 싫어요. 친구들은 텔레비전 게임만 하고
야사카처럼 다 같이 함께 놀 수가 없어요."

그래, 도모야. 엄마가 졌는지도 모른다. 다음 해에는 조금 도심에서
떨어진 곳으로 이사하려고 생각했는데 형편이 여의치 않았다. 아이
들은 그곳이 어디건 적응하겠지만 매일 지옥처럼 변하는 록본기로 돌
아오게 하는 것은 너무 가혹한 일일지도 모른다.

올해는 1, 2학년을 야사카에서 보낸 와타루 군이 꼭 야사카에서 초
등학교를 졸업하고 싶다며 6학년으로 전학 왔다. 일 년 전에 돌아갔
던 세리도 졸업 증명서는 야사카 초등학교 것을 받고 싶다며 부모에
게는 비밀로 하고 아오키 선생님께 편지를 썼다고 한다. 그 세리네 엄
마가 이런 말로 내 마음을 찔렀다.

"당신은 도모한테 충분히 사랑을 주고 있으니까 괜찮아요. 떨어져
있으면서 서로 사랑이 깊어지고, 그러다가 어른이 될 즈음해서 옆
에 두는 것도 좋지 않을까? 그 편이 중요한 시기에 편안하게 서로
이야기를 나눌 수 있는 관계가 될 수 있을지도 모르고 말이야."

하지만 나는 생각한다. 둘뿐이라고는 하지만 나는 그렇게 소원하

던 가정을 가졌다. 아무리 일이 바빠도 저녁에는 돌아와서 따뜻한 음식을 둘러싸고 도모랑 이야기를 나누고 싶다. 때때로 이 손으로 안아주고 싶다. 자립심이 강한 도모는 이제 혼자 걸어가고 싶을지 몰라도 아직 한동안은 그 무엇과도 바꿀 수 없는 단짝으로 함께 살고 싶다.

그러니까 도모, 이제는 돌아와 줘.

산촌 유학 또한 긴 인생을 사는 동안 하나의 과정에 지나지 않으며,
지금 우리는 알 수 없지만 산촌 유학에 따른 단점도 앞으로 나타날 것이다.
하지만 그것 역시 일종의 장점이자 성과물로 바라보아야 한다고 생각한다.

산촌 유학생들의 20년 후

아들의 결단, 스모 선수가 될래!

3년간의 산촌 유학을 마치고 아들이 돌아온 지 20년. 그 사이 우리 집에는 수많은 일이 있었다. 아자부 초등학교 5학년으로 동급생들에게 환영받은 도모였지만, 생활의 차이와 자신의 진로 문제로 그 어떤 유학생보다 파란만장한 시간을 보냈다.

초등학교 졸업이 다가왔을 즈음, 나는 『농업신문』의 의뢰로 이런 글을 기고하였다.

산촌 유학, 우리 집의 그 후

아들이 돌아오고 나서 벌써 2년 가까운 시간이 흐르고 있다. 유학을 다녀온 뒤 어땠나 생각해 보니 1년째였던 작년과 2년째인 올해가 너무나 확연히 다르다는 생각이 든다.

먼저 체형이 변했다. 언덕길이 많았던 산길을 달리며 질릴 만큼 왕성한 식욕을 보이던 도모가 위장은 그대로인데 놀 곳이 없는 도심 한가운데 초등학교로 돌아온 것을 참기 힘들어했다. 키는 중학생으로 보일 정도로 훌쩍 자라고 건강기록표에 기록되어 있던 비만 지수는 "약간 뚱뚱함"에서 "뚱뚱함"으로 변했다. 그러다 올해는 마침내 "지나치게 뚱뚱함" 영역으로 들어가고 있다.

1년차에는 넘치는 에너지를 다 발산하지 못하고 "심심해. 몸이 너무 피곤해."라며 집을 뛰쳐나와 돌아다니면서 하루 종일 수영장에서 수영을 해도 질리지도 않던 애가 2년차에는 "피곤해."를 연발하며 만화책과 게임에만 푹 빠져 지냈다.

게다가 몸의 비만은 정신의 비만을 낳는 것 같기도 했다. 호기심과 실천력으로 똘똘 뭉친 아이가 휴일에는 엄마인 내가 회초리를 휘두르며 이거 하자, 저거 하자며 꼬드겨도 "괜찮아, 됐어." 하며 꼼짝도 하려 들지 않았다. 다 쓰지 못하는 에너지가 답답한지 이상할 정도로 짜증을 내며 나랑 다투는 일이 끊이지를 않는다.

학교에는 처음부터 아무 장애 없이 잘 적응하고 있었고, 무슨 일이든 적극적이지만 어딘가 모르게 재미가 없어 보였다. 게다가 "6학년 때는 야사카로 돌아가고 싶다."는 말이 흔적도 없이 사라지고 말았다.

하지만 이것도 그것도 전부 부모인 내가 어리광을 받아 주고 태만한 결과이며, 우리 집만의 특수한 경우일지도 모른다. 하나밖에 없는 외동아이를 다른 사람들 손에 맡겨 버린 나는 독신생활로 돌아가는 것이 너무 미안해서 책도 쓰고 회사도 만들고, 집은 돌보지 않은 채 3년을 보내고 말았다. 아이가 돌아오고 나서 자, 이제부터 제대로 된 생활을 해 볼까 싶어도 저녁 식사 전까지 귀가조차 마음대로 되실 않는다. 일 년 더 있고 싶다는 아들이 돌아오기 직전까지 망설였을 뿐만 아니라 돌아오고 나서 어떻게 받아들일지 준비 태세조차 갖추지

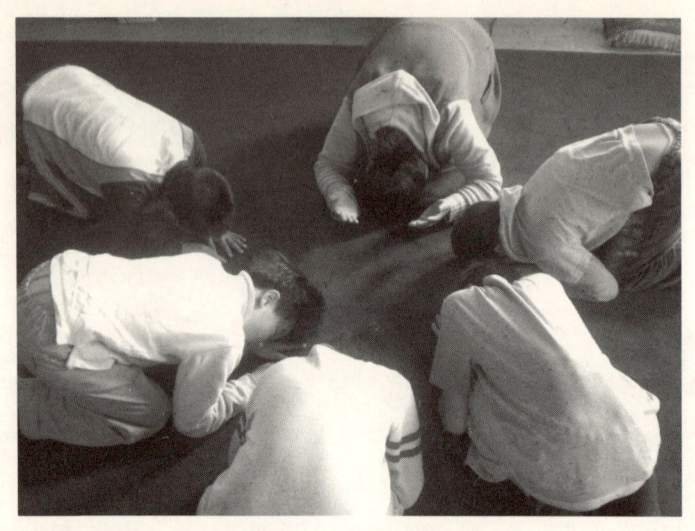

야사카에서 몸도 마음도 건강하게 지냈던 아이는 도쿄로 돌아오는 순간
몸도 마음도 비만해졌다. 호기심과 실천력으로 똘똘 뭉쳤던 도모는 아무
것도 하지 않으려 들었고, 도시 생활에서 남아도는 에너지는 자꾸만 짜증
을 불러오는 듯했다.

못했다.

　대부분의 아이들은 자기 가정, 자기가 있을 장소로 돌아갔으니 훨씬 더 생활도 정리되고 비만 같은 고민을 안고 있는 것 같지도 않다. 산촌에서 키운 체력과 인내력을 스포츠로 돌려 지금 미친 듯이 즐기고 있는 아이들도 많다. 생각해 보면 아무리 강렬한 체험이 있어도 아이는 어른만큼 과거를 끌고 다니지 않는다. 체험이 하루하루 아이들 속에 쌓여 그것이 언제 부상하여 삶의 양식이 되어 줄지는 아무도 모른다. 눈에 보이는 일마다 울고 웃는 부모라는 존재는 아이들한테는 지극히 방해가 되는지도 모른다.

　올 여름에는 사는 곳을 타이도쿠台東區의 서민 마을인 야나카로 이사하면서 새로운 생활을 시작했다. 아이와 함께 몸과 마음이 쉬는 것처럼 보였지만 출퇴근 시간 때 40분이나 걸리는 전차 통학이 싫었는지 도모의 기관지천식이 도지고 말았다. 천식의 고통이 얼마나 힘들었으면 도모는 동양의학을 하시는 선생님에게 비만이 원인이라는 지적을 받았을 때 스스로 고기를 끊기로 결정하였다. 몸무게가 몇 킬로그램으로 줄면 스테이크를 먹기로 목표를 세운 도모는 "아아~, 고기보다 맛있는 건 야사카의 산채랑 버섯밖에는 없다."고 중얼대고, 어지렵혀진 지기 방을 돌아보며 "이러다가 농가 아버지한테 야단맞겠다."고 말한 적도 있었다.

　채식의 효과가 있었는지 몸이 조금 가벼워진 아이는 어제 무려 2시간 이상 걸어서 아자부에서 돌아왔다. 배도 고프고 피곤했지만 재미있었다며 다음 날에도 시도했지만 귀가하고 나서는 이렇게 말했다.

"그래도 역시 도시는 재미없어. 빌딩은 매일 봐도 똑같지만 나무는
볼 때마다 다르거든."

타이도쿠에 있는 중학교에 들어간 아이는 학교와 생활에 익숙해지
면서 즐겁게 활동하였다. 중학교 3학년 때는 신발 크기가 무려 28센
티미터에 신장 184센티미터, 체중이 93킬로그램이나 되었다. 몸집이
작은 나는 생각하기 힘들 정도로 크게 자라 있었다. 그 아이가 고등학
교에 입학한 여름방학의 어느 날 밤 도모가 선언했다.

"내 인생 정했어. 스모 선수가 될래."

중학교 때는 탁구부 활동했고, 텔레비전에서는 스모를 본 적도 없
고, 동급생 아버지가 "스모 시합을 해서 나한테 이긴 적이 없었다."는
말을 들은 그런 아들이 말이다. 마른하늘에 날벼락이란 바로 이런 일
을 두고 하는 말이 아닐까.

엄마가 해 준 일 중 가장 좋았던 일

    고등학교를 중퇴하고 스모베야(스모선수를 양성하는 전문도장)에 입문하기까지 얼마나 서로에게 화를 내고 싸웠는지……. 만약에 산촌 유학을 하지 않았다면 이런 결정은 없었을 거라고 생각한다.

    도모가 중학교 2학년인 여름, 우리 아버지가 89세로 타계하시고 회사는 거품 경제의 붕괴로 제일 먼저 타격을 받으면서 일이 줄어들기 시작했다. 태어나면서부터 낙천가였던 나도 마음이 우울해져 원고를 쓰기가 힘들었다. 휴일에도 집에서 씨름하는 나에게 아들이 몇 번이고 놀다가 돌아와서,

    "엄마, 원고 썼어? 밥 걱정은 안 해도 돼."

라고 말해 주던 것을 기억한다.

    중학교 3학년 때. 도모는 책상을 다락에 집어넣고 "입시 공부는 안 하겠다."고 선언했다. 그래도 도립 고등학교로 진학이 결정되어 자기가 밤에 할 수 있는 아르바이트를 찾아내어 일하기 시작했다. 내 우울증은 생각지 못하게 길어졌고 밤늦게 돌아오는 아이에게 무슨 일이 있었는지 물어보지도 않고 일과 씨름하였다. 그 동안 아이는 무슨 생각을 했을까? 어디선가 알게 된 사람에게 스모 선수가 될 것을 권유받고 그 자리에서 결정한 것이다.

    아들은 지난 8년간 스모베야에 살면서 스모 선수로서 명단에 이름

아이들은 산촌 유학의 방과후 프로그램을 통해 다양한 체험을 하고, 자신만의 취미를 갖기도 한다. 그러면서 아오키 선생의 말대로 "산촌 유학을 한 아이는 자기가 생각하고 자기가 결정한다."

도 올리는 등 조금씩 알려지기 시작했지만 24살 때 스모를 그만두었다. 28살 때 자기가 취직자리를 찾고 일 년 동안 샐러리맨을 경험, 후쿠오카에 이 년 동안 근무했지만 어떤 마음을 먹은 건지 요리 수업을 기초부터 닦겠다며 서른 살이 지난 지금은 도쿄에 있는 한 음식점에서 일하고 있다.

"산촌 유학을 한 아이는 자기가 생각하고 자기가 결정한다."

'소다테루카이' 이사장인 아오키 씨가 말했는데 분명 그랬다.

스모베야에 입문할 당시 그곳의 좌장인 다마노이(玉ノ井, 전 세키와키關脇, 도치아즈마栃東, 스모 선수의 계급 중 하나)는,

"도시에서 자란 아이는 집단생활을 싫어해서 도망가는 아이들이 많다. 그리고 처음엔 씨름판 위의 흙 때문에 습진이 생기기도 하는데 도모는 그것이 전혀 없었다."

라고 신기하게 생각했다. 그것도 산촌 유학 때문일 것이다.

스모베야에 들어가고 몇 년 뒤, 『홋카이도신문』 기자가 2면에 걸쳐서 산촌 유학 글을 쓴 적이 있다. 그때 우리 이야기가 실렸다. 그때 취재 온 여기자에게 "엄마가 해 준 일 가운데 산촌 유학이 제일 좋았다."고 말했다고 한다. 산촌 유학을 보낸 뒤 십 년이 지나 처음 들은, 반가운 평가였다. 그리고 지금 살고 있는 아파트의 아흔 살 되는 주인은 얼굴을 마주치면 꼭 이렇게 말했다.

"스모베야 수업은 보통 힘든 일이 아니에요. 그것을 견뎌낸 것만으로도 평생 위로해 주어야 돼요."

이 두 가지 말은 내 인생의 작은 훈장이었다.

동기생들의 20년

야사카에서 함께 생활한 아이들은 지금 어디에서 무엇을 하고 있을까? 대부분이 대학에 진학하여 취직하고 결혼해서 이미 아이를 가진 사람도 있다. 야사카의 어머니들이 "○○가 약혼자를 데려왔다.", "○○가 아기를 보여 주러 왔다."며 전화를 걸었을 때 기쁜 듯이 전해 주었다.

유학 1년차일 때 같은 2학년으로 농가에서 같이 지낸 신노스케 군은 눈이 커다란 남자 아이였는데, 고등학교 때 모델로 발탁되어 가끔씩 잡지에도 나오고 있다. 대학 예술 학부를 졸업하고 전위 연극을 한다는 말을 듣고 그 아이를 보러 간 적도 있었는데, 어느 날 동남아시아로 배낭여행을 떠났다는 말을 들었다. 어떻게 살고 있는지 오랫동안 소식이 궁금했는데, 배낭 여행에서 자신의 목표를 영화 제작으로 정하고 지금은 독립영화 제작을 위한 비용 마련을 위해 동분서주하고 있다고 한다.

역시 같은 학년이었던 히로세 요헤이 군은 대학을 검정고시로 가기로 결정, 고등학교를 중간에 그만두고 2년 만에 대입 검정고시에 합격하였다. 하지만 일본의 제도로는 그해에 시험을 볼 수가 없었다. 1년을 기다린 끝에 대학에 진학했고, 졸업 후에는 한때 미국 유학을 가기도 했지만 가업인 서예용품점을 잇고 싶다며 지금은 가게 일을 돕고 있다.

　가업하면 아들이 1년차일 때 유일한 중학교 3학년이던 나카자와 요시키 군이 기소의 명주(나카노리상)로 유명한 양조장집 장남이었는데,

　"아주 훌륭한 주인이 되었다. 그 얌전했던 요시키가 신상품을 만들었는데 그게 평판이 상당히 좋다."

라고 아오키 선생님이 웃으며 말해 주었다.

　그리고 제일 깊은 인상을 심어 준 세리는 늘씬한 여대생으로 성장했을 때 만날 기회가 있었다. 그 후에 홈페이지 제작 일을 한다는 말을 들었는데 갑자기 여자 격투기 선수가 되어 고라쿠엔後樂園의 링에 섰다. 서른 살이 지난 지금도 여전히 가련한 용모로 싸우는 세리를 보면서 "우리들 아이 둘 다 어떻게 격투기를 할 수 있지?" 하며 세리 엄마와 함께 웃으며 이야기했다.

산촌 유학에서 해외 유학으로

'소다테루카이'에서는 최근 가끔씩 유학생들의 흔적을 조사하고 있는데 해외 유학 또는 해외 생활을 하는 사람들이 꽤 많다고 한다. 그중에서도 놀라운 것은 앞서 언급한 히로세의 형 류이치다.

류이치는 6년 동안 야사카에 있다가 도쿄에 있는 중학교에 들어갔지만 학교에는 가지 않고 방안에만 들어앉아 책을 읽거나 음악만 들었다고 한다. 하지만 스스로 "확신범적 등교 거부"라며 필요한 일수만 등교해서 졸업한 뒤 부모님에게 영국 유학을 가겠다고 부탁했다. 학교 선택은 물론 그 밖의 일도 대사관에 가서 직접 조사하고, 수속까지 전부 자기 손으로 했다.

"내가 해 줄 게 아무 것도 없어서 부모로서는 굉장히 서운했다."며 당시 류이치 엄마가 말한 것이 생각난다.

류이치는 고등학교 2학년 때 추천으로 영국 대학에 들어가 철학을 전공하였다. 대학원에 진학해서 그 후 연구를 위해 다시 프랑스로 건너갔다가 다시 독일에서 연구생활을 계속하고 있다고 한다. 더불어 여동생인 모모코는 고등학교 때 교환 유학으로 베네수엘라로 건너가 대학에서 스페인어를 전공했지만 얼마 전 일본어 교사가 되어 중국 칭하이로 부임하였다.

또 한 사람, 초등학교 3, 4학년을 같이 보낸 이케다 케이코도 한 달

같은 공간에서 같은 경험을 나눈 친구들이라도 어른이 되면 각자의 길을 걸어가게 된다. 다른 나라로 유학을 가기도 하고, 도모처럼 스모 선수가 되겠다고 결심한 아이도 있다. 자기 인생을 스스로 결정할 수 있는 힘을 기른 아이들은 쉽게 절망하지 않는다.

동안 지역 중학교에 다니다가 일 년 동안 영국으로 유학을 갔다. 그곳 귀족들이 다니는 사립학교에 다녔는데, 일본인이 혼자이다 보니 심한 인종차별을 받고 귀국, 다시 교환 유학 시험에 합격하여 미국에 있는 고등학교로 옮겼다. 콜로라도 주 덴버에서 대학을 졸업, 전미 우수학 생 명단에 들어갈 정도로 좋은 성적으로 대학원에 진학, 국립 기상 센 터에서 일자리를 잡았다.

그리고 아오키 선생님이 수료식에서 가끔씩 아이들한테 들려주는 이야기 가운데 도모가 3년차일 때 같은 농가에서 살던 마에다 도시유 키前田曉行 군이 있다. 아오키 선생님에게 들은 이야기인데 마에다 군 은 진학 문제로 아버지와 크게 다투다가 가출, 오랫동안 호주에서 방 랑 생활을 했다고 한다. 한신 대지진이 일어났을 때 해외에서 그 사실 을 알고 바로 귀국해 현지로 직행하여 헌신적인 봉사 활동을 펼쳤지 만 자신의 무력함을 통감하고 "5년 안에 의사가 되겠다!"고 부모에게 선언했다고 한다.

일하면서 맹렬하게 공부한 그는 염원하던 의학부에 입학하고 지금 은 의대 6년차를 맞이하여 국가시험을 눈앞에 두고 있다. 의학부 시 절에 학생 결혼을 하여 "약혼녀를 데리고 왔다."며 당시의 아버지, 어 머니들이 말했다. 그동안 경제적 지원을 한 번도 부탁하지 않은 것이 오히려 부모로서는 힘들었다고 한다.

그들에게 무엇이 남았을까?

20년 전, 내가 3년간의 산촌 유학 기록을 쓴 것은 격월간지 『와이후』에 연재를 의뢰 받았기 때문이다. "정말 놀라운 생활이에요. 꼭 이것을 어머니들에게 널리 알려주었으면 합니다."라는 다나카 요시코 田中美子 편집장의 말에 마음이 움직였다.

일 년간 연재하는 동안 『와이후』 독자들의 반응은 공감과 비판, 여러 가지였는데 특히 "동아리 소식"으로 종합된 산촌 유학에 대한 의문과 반론은 나뿐만 아니라 유학생 어머니들한테도 많은 생각을 불러일으켰다. 그 후에 출판한 책의 마지막 장에 이렇게 썼다.

아이들에게 자연은 산, 강, 논과 밭, 깨끗한 공기라는 자연현상이 전부인 것일까? 아이는 부모 밑에서 자라는 것이 가장 자연스러운 게 아닐까? 자연과 친숙해지는 것에 대한 소중함을 안다 하더라도 그것이 부모자식이라는 자연적인 관계를 파괴해도 좋을 만큼 중요한 의미를 가지고 있는 것일까?

이런 취지의 반론이 적기는 하지만 나를 흔들었다. 그것은 마음 밑바닥에 지하수처럼 끊임없이 흐르고 있는 일이기도 했기 때문이다.

"도쿄대 일직선인 엘리트코스를 타려는 엄마의 치맛바람과 모습은 달라도 부모의 가치관을 아이들에게 강요한다는 점에서는 뿌리는 똑같지 않은가. 마치 교육 기회를 주어 더 높은 비용을 지불하고 준 자연……."이라는 의견을 듣는 순간 끊임없이 반론이 올라왔지만, 나는 부모로서 하나의 가치 선택을 한 것에 지나지 않는다고 생각한다. 어떤 연령까지는 그것이 무엇이건 아이들은 부모의 선택 아래 움직인다. 그것을 아이가 받아들일지 어떨지는 아이들 자신이 정할 일이다.

이 반론이 게재된 그 즈음, 모임의 잡지 『소다테루』에서도 「산촌 유학에 대한 의문」이라는 특집을 실었다. 특집을 편집하면서 지금까지 어머니들이 극복해 온 수많은 의문을 가지고 대화한 적이 있다.

아이들을 품에서 떼어 낸 엄마의 마음은 한 명 한 명 잴 수 없을 만큼 깊고 복잡하다. 부모들 안에는 오히려 부모자식이라는 자연스러운 관계를 되찾기 위하여 잠시나마 떨어져 살 필요가 있음을 느낀 사람도 있다. 성적, 입시, 편차 등 좁고 위험으로 가득 찬 도시의 수많은 규칙들. 그 속에서 부모는 자식을 속박하고 자식은 부모에게 반발한다. 매일 잔소리꾼이 되어 가는 나 스스로에게 아이가 어떤 삶을 살아가게 도와야 할지 생각하게 한 것도 동기 중 하나다. 물리적으로 떨어지거나 떨어지지 않는 것이 아니라 부모와 자식이라는 자연스러운 관계를 다시 바라보게 만드는 요인이 이 도시에 있는 것은 아닐까?

그리고 우리들이 그때, 공통으로 확인한 것은 산촌 유학 또한 긴 인생을 사는 동안 하나의 과정에 지나지 않으며, 지금 우리는 아직 알 수 없지만 산촌 유학에 따른 단점도 앞으로 수없이 나타날 것이다. 하지만 그것 역시 일종의 장점이자 성과물로 바라보아야 한다고 생각한다.

그로부터 20년, 아이들은 다양한 결과를 만들어 내고 있다. 진로에 대해 우리 아들을 포함하여 동기생들의 예를 몇 가지 들었지만 아이들 마음에 남는 산촌 유학이란 무엇이었을까?

유학생의 엄마인 히로세 미치요 씨가 방송 대학 졸업 논문으로 「산촌 유학─체험 교육에 대한 고찰」을 썼다. 앞서 재미있는 진로를 선택했다고 소개한 류이치 군과 요헤이, 모모의 엄마다.

히로세 미치요 씨는 졸업 연구를 시작할 당시 스무 살 이상이 된 야사카의 유학생 30명에게 설문지를 돌려 인터뷰를 하였는데, 그 기록은 말 그대로 반론과 의문에 답하며 생생하게 살아 있는 산촌 유학생상을 묘사하고 있다. 유학생들은 말 그대로 단점도 성과물로 받아들이고 자신들의 답을 찾아냈다.

항상 마음속에 살아 있는 자연

- 내 몸속에, 마음속에 산의 감촉이 남아 있는 것 같아요. 그것은 공기이기도 하고 물이기도 하고, 풀과 나무들이기도 합니다. 자연과 더 친하게 가까이, 자기 것으로 받아들이고 느끼는 감각, 또는 능력을 스스로에게 느껴요. 그런 나 자신에게 행복을 느낍니다.

  지금 대학에서 리포트로 야사카의 체험을 쓰고 있어요. 사물을 바라볼 때 내 눈이 내면을 향하면 그곳에 야사카가 있습니다.

―20살, 대학생, 교육학

● 원풍경, 원체험이라는 말이 있는데 나는 오히려 구체적인 자연이 아니라, 막연한 느낌이기는 하지만 그곳에 흐르고 있는 에너지랄까 이런 것들이 생각납니다. 넓은 공간에 드문드문 집이 있고 자세히 보면 사람도 있는 먼 풍경입니다. 좋아합니다. 편안해요.

―21살, 대학생, 수의학

● 지금 미국에서 공부하고 있는데 미국에 살면서 문득 야사카가 떠오를 때가 있어요. 구체적인 사건이나 인간이 아니라 자연이 있는 어떤 장면입니다. 센터 창문으로 본 먼 하늘이나 여름날 풀길이 쭉 이어져 있는 곳, 농가 정원 앞에 핀 코스모스 등. 이미 저 멀리 있지만 가슴이 두근거립니다.

―22살, 대학생, 회계학

● 그때는 하루의 흐름을 시계가 아니라 태양의 움직임과 함께 변화하는 자연을 통해 느끼고 있었고, 나 자신이 자연의 일부로 살았다는 기억이 있어요.

―22살, 건축 자재점 근무, 설계

● 초등학생인 어린아이한테는 부모와 떨어져 그곳에서 보낸 일 년은 매일 무언가 새로운 일과 만나는 것으로, 이렇게 마음이 "생생하게 살아

있는 느낌"이지요. 해방감이랄까, 나는 정말로 마을 아이가 되어 있었으니까요. 그곳에는 특별한 시간이 흐르고 있었어요. 산촌 유학의 체험, 그곳은 마음이 쉬는 장소라고 말해도 좋아요.

—24살, 단체 직원, 경리

● 나에게 "고향"이 있다는 안도감 같은 것이 있어요. 야사카를 생각하면 마음이 편해집니다. —26살, 주부, 아이 한 명

● 1983년경에 유럽에서 평화 운동이 벌어졌는데 나는 거기에 매료되어 호주에서 영국으로 건너가 슈타이너 철학을 배웠습니다. 지금은 행동하는 삶을 살고 있다고 생각합니다.

나에게는 항상 떠오르는 풍경이 있어요. 중학교까지 통학하는 길에 포장되지 않은 길가 옆으로 작은 강이 흐르고 있었는데, 그곳을 걷고 있으면 강에서 아침안개가 올라왔어요. 바람 또는 빛의 조합이랄까, 순간의 풍경이 묘하게 그리워요. —29살, 자유업

농가, 마을에 대한 깊은 생각

● 작년 여름방학, 문득 생각나서 야사카에 갔어요. 먼저 농가, 고등학교 때 가고 처음이니까 6, 7년 만에 갔네요. 반겨 주어서 참 기뻤어요. 야사카에서는 농가의 존재가 굉장히 큽니다. 엄마가 있다고 생각할 수 있는, 그런 것이 있어요. —25살, 시스템 엔지니어

산촌 유학을 경험한 아이들은 아련한 마음의 고
향을 얻는다. 경쟁 대상이 아니라, 마음 열고 만날
수 있는 친구를 얻게 되는 것이다. 자신이 자연의
일부라는 것을 알게 되고, 농가 생활 또한 마음에
깊은 흔적을 남긴다. 부모 곁을 떠나 살았던 기간
동안 평생의 친구를 얻기도 하고, 외동이었던 아
이들은 동생을 보듬는 법 또한 배우게 된다.

● 신세를 지던 농가에 가면 갑자기 누워서 팔다리를 쭉 뻗고 쉴 수 있고, 농가 아버지가 내 얼굴을 보고 "한 잔 할래?" 하고 말해 줘요. 그곳은 마을 사람이 모두 나를 염려해 준다는 인상을 강하게 받아요. 그런 것이 행복하게 느껴집니다. 타인을 그만큼 친근하게 느낀다는 것도 드문 일이거니와 길을 걷다가 사람들을 만나면 모르는 사람이라도 당연하게 인사를 나누게 되니까요. 초등학생이었던 나는 그런 만남을 통해 인간은 신뢰할 수 있는 존재라는 사실을 몸으로 배웠습니다.

—21살, 대학생, 수의학

● 2년차일 때는 고등학교 입시를 앞두고 있어서 혼자서 밤늦게까지 공부했습니다. 농가 아버지, 어머니에게 얼마나 걱정을 끼쳤는지 모릅니다. 합격해서 어머니의 축하로 맛있는 음식을 모두가 먹었는데 모두가 정말 기뻐해 주었던 일을 잊을 수가 없습니다. 어머니에게 여러 가지를 배우고 많은 이야기를 나누었습니다. 어머니가 자주 하시던 말이 지금에서야 아, 그런 뜻이었구나, 하는 생각이 들어요.

지금은 도쿄에서 혼자 생활하고 있는데 그때가 있어서 지금이 존재한다는 것을 확실하게 느껴요. 안도감이랄까, 잘 표현하기는 어렵지만 이 느낌은 혼자 생활하는 데 아주 귀중한 것입니다. 지금 공부하고 있는 것은 보석 디자인, 기획, 영업이지만 내 안에서는 그때 일이 무관하지 않습니다.

—22살, 전문대학생, 보석 관계

● 고등학교에서 이쪽 생활로 돌아왔는데 야사카 생활과 차이를 느껴요. 그 일을 통해 그런 생활의 장점이 보이기 시작했어요. 뭐랄까, 그곳에는 인간의 삶, 인간도 살아 있는 하나의 생명체로 자연과 공존해 나간다고 생각하기 때문에 다른 존재에 대해서도 거만해서는 안 되죠. 야사카에는 그것을 바탕에 둔 생활이 이루어지고 있었으니까요. 앞으로 계속해서 야사카는 야사카로 남기를 원합니다. 추억은 죽을 때까지 잊지 못할 거예요. 그 정도로 영향을 받았으니까요.

—20살, 편의점 직원

● 저는 내년에 결혼합니다. 상대방 집이 농가로 그는 장남이기는 하지만 이쪽에서 일을 하고 있기 때문에 장래 농사지을 일이 없다는 것도 포함해서 승낙했어요. 농가 노동의 어려움을 산촌 유학에서 보았기 때문에 나한테는 무리라는 판단이 들어요. 농가에 대해 필요 이상으로 꿈꾸는 것도, 반대하는 것도 아닌, 여러 가지 직업 가운데 하나로 생각합니다.

—25살, 컴퓨터 오퍼레이터

● 남편이 교직원이기 때문에 장차 시골로 내려가 아이들의 지도자로, 나는 그곳 영양사로 함께 일하는 것에 대해 이야기하고 있어요.
제자인 중학생이 놀러왔을 때, 야사카 이야기를 하면 아이들은 눈을 반짝이며 흥미를 보입니다. 우리 때부터 상당히 시간도 흘렀고, 우리 어른들 눈으로 보면 문제를 안고 있는 것처럼 보이는 아이도 그것은 똑같아요. 아마 그런 것을 넘어서 그 정도 연령대의 아이들에게 필요한 중요한 일이 산촌 유학에 있다고 생각합니다.

지금은 야사카를 찾지 못하고 있지만 마음속에서는 더 강하게 야사카를 가깝게 느끼고, 제2의 고향이 아니라 제1의 고향이라고 말해도 좋을 정도랍니다.

―23살, 공무원, 중학교 영양사

● '산울림회'에서 리더를 키우는 모임이 있는데요, 고등학교 때부터 나는 그곳에 살면서 야사카에 자주 내려갑니다. 나이도 학교도 일도 모두 다른 사람들 모임이지만 나한테는 귀중한 체험의 장입니다. 무엇보다도 내 생활의 일부인데다가 당시 야사카를 포함하여 내 뿌리를 만들었다고 말할 수 있습니다. ―26살, 회화 공부 중

부모 곁을 떠나 얻은 것

● 고등학교를 졸업하고 나서 일하고 있습니다. 부모님은 대학 진학을 권했지만 나는 전혀 반응하지 않았어요. 이 단호한 면은 야사카의 영향 때문인지도 모릅니다. 인간한테는 자기가 믿을 수 있는 삶을 살아가는 것이 얼마나 중요한 일인지 생각합니다. 그렇게 믿는다면 그것을 결단하고 실천하는 것을 야사카에서 배웠다고 할 수 있습니다. 야사카에서는 시간이 충분해서 자기 일은 자기가 해내는 생활을 했습니다.

―20살, 편의점 직원

- 나는 3년 동안 야사카에서 살았는데 정말 최고의 선택이었다고 생각합니다. 부모 곁을 떠나 생활해 보는 것이 가장 의미있었다고 봅니다. 싫고 좋고를 떠나 이 일은 아이를 어른으로 만들어 줍니다. 누구한테 무언가를 강요받는 것은 아니지만 말 그대로 자신을 돌보는 것은 자신이기 때문에 아이들 나름대로 자신이라는 것에 대해 생각하게 됩니다. 그리고 일하게 되죠. 그곳에서는 환경이 그렇게 생각하게 만듭니다. 나는 야사카에서 평생을 함께 할 수 있는 친구도 얻었습니다.

　　　　　　　　　　　　　　　　　　　　　　—20살, 대학생, 경제학

- 나는 외동아이로 자라 집에서는 제멋대로 지내다 보니 그곳에서는 꽤 어려움이 있었어요. 그곳에서는 모두가 진심으로 만나고 있었기 때문에 서로에 대한 그런 관계는 도시에서는 보기 힘든 모습이죠. 야사카의 존재는 나라는 인간의 밑바닥에 확실하게 존재합니다.

　　　　　　　　　　　　　　　　　　　　　　—20살, 대학생, 법학

- 그곳 생활은 아이한테는 가끔씩 가는 방학이 아니라 생활의 장소였기 때문에 좋은 일뿐만 아니라 애증이 뒤섞여 굉장히 생생하게 살아 움직입니다. 자기를 강하게 하지 않으면 살아가기 힘들었던 만큼 다른 사람도 받아들일 수 있게 됩니다.　　　　　　　—21살, 대학생, 수의학

- 나는 농가에서도 초등학교 남자 아이 두 명의 누나였습니다. 아래 아이

가 내성적이어서 왕따 당하기 쉬워 옆에 있으면 돌보아 주게 돼요. 아이들 사이에서 일어나는 왕따 문제는 주위 어른들이 눈치 채지 못하는 곳에서 이루어지고 있고, 부모 곁을 떠나 있는 것만으로 서러움이 큽니다. 그곳에서 상처받고 두 번 다시 떠올리고 싶지 않다는 아이를 알고 있거든요. 나는 그런 처지에 있다 보니 아래에 있는 작은 아이를 먼저 생각해야만 했고, 매일 열심히 살았던 거 같아요. 지금은 그때의 저에게 사랑스러움을 느껴요. 그 후 6년간 미국에서 학창 시절을 보냈는데 그쪽 생활에도 쉽게 동화되었어요.

—25살, 인재 파견 회사, 영업

● 2년간 그곳에서 지내면서 시골 생활을 몸으로 알게 되었다는 것. 그리고 많은 사람들이 갖는 극히 평범한 생활에 휘말리지 않고 자신이 정말 하고 싶은 일을 자기 방법으로 하면 된다는 것을, 그것이 실패하면 책임도 자기가 지고 살아가면 된다는 것, 이렇게 생각하게 되었습니다. 야사카에서는 부모를 떠나 물리적으로도 정신적으로도 혼자가 되기 때문에 자기와 관련된 것은 자기가 받아들이고 생각하고 대처하는 생활을 해야 됩니다. 그때 경험을 통해 습관이 되었다고 봅니다.

—29살, 회사 경영

● 나는 도쿄 생활과 시골 생활을 비교하는 것은 의미가 없다고 봅니다. 그곳 생활의 핵심은 자연 속에서 생활했다는 것이고, 또 하나는 농가에

산촌 유학 생활을 했던 아이들은 어른이 되어서 아이를 낳은 뒤에 자기 아이도 그 생활을 하게 하면 어떨까 생각하게 된다. "농가에서 학교까지 7킬로미터 넘는 길을 날마다 걸었어요. 그 길이 나를 키웠지요. 언젠가 그 길을 우리 식구 셋이 걸을 생각을 하면 가슴이 두근두근거려요."

서 생활했다는 데 있습니다. 이른바 "남의 밥을 먹고" 살았어요. 이 체험이 그 후의 삶에서 선택의 폭이 넓어지는 가능성을 얻게 되었습니다. 산촌 유학 그 자체를 그렇게 특별하다고는 생각하지 않습니다.

—29살, 회사원, 환경 기사

일 속에 살아 있는 강인한 정신

● 야사카의 체험이 지금 하는 일에 살아 있다고 느낄 때가 많습니다. 식사와 목욕탕 사용법, 세탁기 순서 등 일상생활에서 작은 다툼이 있지만 야사카에서 집단생활을 경험하였기 때문에 상대방의 처지가 되어 생각할 수 있었습니다.

유학 생활 당시 나는 항상 연장자였기 때문에 하루하루가 속이 꽉 차 있다는 것을 실감했어요. 몸과 마음이 함께 변하는 감성적인 시기를 야사카에서 보낸 것은 섬세하고 민감한 대우를 받지 못했다는 점에서는 억울하기도 하지만 반대로 강인해졌습니다. "뿌리가 깊다.", "밟혀도 일어난다."고 저한테 직장 동료들이 그러더군요.

—24살, 간호 복지사

● 산촌 유학은 참가 동기도 연령대도 폭넓은, 참으로 다양한 아이들이 함께하는 집단이기 때문에 왕따를 하는 아이가 있으면 왕따를 당하는 아이가 있어서 힘들다는 생각도 했습니다. 제가 왕따를 당했으니까요. 어떤 의미에서는 그곳은 진검승부를 하는 곳이었어요. 나는 그것을 계기

로 적극적으로 변했다고 생각합니다. 지금, 컴퓨터 관련 일을 하고 있는데 새로운 일에 부딪혔을 때 일단은 해 보자, 하는 생각을 합니다.

―25살, 시스템 엔지니어

가족들과 강한 연결고리

● 산촌 유학 행사 때 부모가 동생을 데리고 와 주는 즐거움, 그 일로 가족들을 다시 생각하게 되었습니다. 지금 미국에서 공부하고 있는데 부모님께 강한 신뢰감을 가지고 있습니다.

―22살, 대학생, 회계학

● 산촌 유학으로 변했다고 확실하게 말할 수 있는 것은 부모를 부모이기 이전에 한 사람의 인간으로 바라보게 되었다는 것. 거리를 둠으로써 한심한 부모를 용서하게 되었다고 말하는 편이 맞겠네요.

―21살, 대학생, 수의학

● 야사카에서는 동생과 일 년을 보냈습니다. 제일 강하게 마음에 남은 것은 부모를 떠난 그 장소에서 나는 동생이라는 존재를, 처음이라고 해도 좋을 정도로 강하게 느꼈습니다. 누나로서 동생이 잘하고 있는지, 친구들과 사이좋게 지내고 있는지 어떤지 하는 마음으로 늘 지켜보면서 생활했습니다. 도쿄에 있을 때는 서로 싫은 것만 보여서 매일 싸웠는데 말이에요.

동생한테 신경 써 줌으로써 사람과 사람에게 거리를 두는 방법, 구체적으로는 동생이 왕따를 당하고 있거나 큰 아이한테 심한 대우를 받고 있을 때 어디서 말을 걸고 도와줘야 될지, 또 여기에서는 조용하게 입을 다물고 바라보는 편이 좋은지 등 나 자신이 사람과 만나는 법을 배웠습니다. 이런 관계는 계속 이어져 왔고 이제는 나도 동생도 사회인이 되었지만 부모님은 지금도 동생한테 해야 할 민감한 이야기는 저한테 대신 해 달라고 부탁하세요.

—25살, 인재 파견 회사, 영업

● 초등학교 3, 4학년 때 산촌 유학을 했어요. 처음 갔을 때 향수병에 걸린 것 말고는 큰 아이의 도움을 받아서 오히려 즐거웠던 것 같아요. 매일 정신없이 보냈어요. 다만, 당시 떨어져 지낸 부모님에 대해 열렬하게, 지금 생각해 보면 사랑이라는 말이 딱 맞는 그런 사랑을 느꼈는데 그 후에도 그 사랑은 제 안에 계속 있어요. 부모와 자식은 떨어져 있으면서 상대방을 더 이해할 수 있어요.

—23살, 정육판매

자식이라는 것

● 산촌 유학을 하면서 제일 힘들었던 것은 농가에서 중학교까지 가는 통학입니다. 7킬로미터 이상 되었을 겁니다. 돌아와서 가끔 생각나는 것은 그 길을 걸은 것입니다. 정말 너무 힘들었기 때문에 이제는 어지간

한 것은 괜찮아요. 그 길이 나를 키웠다고 할까, 자신이 힘 있는 사람으로 느껴집니다.

아이가 지금 1년 6개월인데 이 아이한테 산촌 유학을 시키겠다는 생각은 아직 없지만, 언젠가 그 길을 셋이 걷는 것을 상상만 해도 두근두근거려요.　　　　　　　　　　　　　　　　　　　　—25살, 회사원, 영업

● 아이를 가지고 나서 이 아이에게 어떤 교육을 해 줄까 생각해 보면 산촌 유학도 여러 가지 교육 가운데 하나라는 생각이 들어요. 반드시 이것이 최고라고는 생각하지 않지만 말입니다. 제 경우에는 자연이 좋았고 그곳에서 무언가를 얻고 싶어하는, 제 자질을 산촌 유학이 잘 이끌어 주지 않았나 생각합니다. 그곳의 생활 때문에 자연 그 자체에 대해 감정적으로 흔들린 부분은 있습니다.

저는 자신이 그렇게 하고자 생각하지만 아이한테도 세상의 큰 흐름에 휘둘리며 살아가기보다는 자신이 선택할 수 있는 인간이 되길 바랍니다. 내가 이런 생각을 하는 것은 분명 야사카와 미국 시골에서 그런 생각을 하며 청춘 시절을 보냈기 때문이라고 생각합니다.

　　　　　　　　　　　　　　　　　　—29살, 플라스틱 제조 회사 임원

도쿄에서도 평생 학습 사업으로 아이들을 위한 몇 개의 자연 체험 프로그램을 진행한다. 그러나 부모 곁을 떠나 생활하는 장기 유학은 아니다. 도쿄에 사는 아이들이야말로 '삶의 힘을 키우는' 장기 산촌 유학이 필요하다. 지역자치단체에서 산촌 유학을 도입한다면 아이들, 부모들이 자연을 보는 눈이 달라질 것이다.

진화하는 산촌 유학

우리 아이들을 위하여

"산촌 유학의 새로운 형태를 알고 싶다면 데운出雲으로 오세요."
라는 '소다테루카이'의 이사장인 아오키 선생님의 권유를 받고 시마
네현島根縣 오오타시大田市의 산촌 유학 센터 '산페 고다마 학원'을
방문하였다. 제2기 산촌 유학생 '수료 모임'에 참가하기 위해서다.

갑작스러운 일이었기 때문에 비행기 예약을 못하고 고속전철로 오
카야마岡山와 야마카게山陰 본선을 타고 다시 데운으로, 거기에서 다
시 차량 하나로 이루어진 덜컹거리며 달리는 야마카게 철도로 갈아타
고 오오타시를 향했다. 도쿄에서부터 길고 긴 여행길이었다. 이번에
는 마중을 나와 달라고 부탁, 이와미긴잔石見銀山 산맥을 안내받는 행
운을 누리고 싶었으나 오오타시역에서 센터까지 버스로 40분이나 걸
린다고 한다.

'산페 고다마 학원'은 오오타시가 총 공사비 3억 8천만 엔을 들여
2년에 걸쳐 건설했다는, 나무향이 그윽하게 풍기는 시설이었다. 정면
에 데운의 전설로 알려진 산페산을 바라보며 맑은 날에는 2층에서 아
름다운 일본해를 바라볼 수 있다고 한다.

현관에 들어서자 고리에 철주전자가 매달려 숯불이 타오르는 응접
실에서 부모들이 모여 이야기를 나누고 있는 모습이 보였다. 복도를
달려가는 말 그대로 '시골 아이' 같은 모습의 유학생들. 순간 눈앞에

있는 풍경이 20년 전의 기억과 겹쳐졌다. 내일이면 돌아가는 아이, 일 년 더 남는 아이를 둘러싸고 부모들이 나누는 대화도 그때와 별반 다르지 않았다.

하지만 저녁부터 시작된 수료식에서 16명의 유학생들에게 수료상을 건네주는 사람은 오오타시의 교육위원장이었고, 첫 내빈 인사는 오오타시장이 시작했다. 센터 지도원은 '소다테루카이' 직원이지만 센터장은 시의 직원이었다. 즉 '산폐 고다마 학원' 의 운영 주체는 오오타시 교육위원회이고 기획, 운영, 지도를 하는 것은 재단법인 '소다테루카이' 였다.

"지금 산촌 유학은 활동 거점을 자치단체에 두고 있습니다. 소다테루카이 직영인 야사카 센터도 야사카라는 지역의 사회 교육 기관이라는 지위를 가지고 있습니다. 따라서 센터 활동도 지역 위원회와 제휴하여 마을 아이들도 노인들도 지역 주민 전원과 함께 하는 교육 활동을 어떻게 전개할지로 시점이 바뀌었습니다. 일부 도시 아이들을 위해서가 아니라 일본의 모든 아이들의 삶의 힘을 키운다는 큰 관점에서 전개되는 것이 오늘날 산촌 유학의 방향입니다."

아오키 이사장이 지금 상황을 설명해 주었다.

30년 전, 산촌 유학이 시작되었을 즈음에는 도시화 사회에서 살아가는 아이들을 위한 자연체험 활동으로 그로 인해 점점 인구가 줄어드는 마을과 학교를 활성화시켰다. 그래서 마을과 아이들이 점점 없어져 고민하는 지방자치단체들의 주목을 받으면서 산촌 유학을 도입

비어 가는 시골 마을의 학교는 곧장 폐교 위기를 맞는다. 각 지역자치단체가 고향과 자연, 문화를 활용해 산촌 유학을 진행하려는 까닭도 지역을 살리기 위해서다. 궁극적으로는 우리 삶의 근원이 되는 공간을 남겨 두자는 것이었다.

하는 마을과 학교가 해마다 늘어났다. 하지만 지금 도시화의 파도는 풍부한 자연과 함께 있어야 할 농어촌 아이들한테도 영향을 미치고 있다. 1998년, 중앙 교육 심의회가 「새로운 시대를 여는 마음을 육성하기 위하여」라는 제목 아래 중간보고를 하였는데, 그 보고서에서 부모 곁을 떠나 장기간의 자연 활동, 다른 연령 집단을 체험해야 할 필요성을 지적받았다. 민간의 힘을 빌린 장기 산촌 유학 추진이 제창되고, 나라와 지방자치단체가 그런 방향으로 움직이고 있다고 한다. "가장 선진적인 사례가 오오타시"라고 아오키 이사장은 말했다.

오오타시는 "고향과 자연과 문화를 활용한 '차세대를 짊어질 인재 사업'으로서 10년 전부터 산촌 유학을 진행하고 있지만 발단은 역시 인구와 아이들이 점점 줄어드는 것을 염려한 북산페 지역 사람들의 활동이었다." 마침내 자치단체 차원에서 산촌 유학에 대한 연구와 공부 모임을 열어 '소다테루카이' 지도자들과 함께 센터 시설도 갖추지 않은 채 여름과 겨울 단기 유학을 시작하였다.

2년 전, 오오타시의 사업으로 훌륭한 센터 시설이 완성되고 장기 유학이 실현되어 봄·여름·겨울 자연 체험 활동 외에 부모와 함께 참가하는 주말 미니 산촌 유학, 시내 아이들을 위한 통학 합숙 체험 등 주민 교류 활동이 갖가지 형태로 실시되고 있다.

2005년 자료에서는 산촌 유학을 실시하는 것은 28개 도부현道府縣, 90개 시정촌에 달한다고 한다. 그들 단체들이 비영리 활동 법인인 '전국 산촌 유학 협회'를 결성하고, 그 본부는 '소다테루카이'에 두었다.

아오키 선생님을 중심으로 '소다테루카이'가 목표로 한 것은 확실하게 이어받고 있지만 유무형으로 '진화'하여 지금에 이르렀다.

2005년 일본 산촌 유학 현황

▸ 실시 단체 도도부현都道府縣: 28도부현道府縣
▸ 실시 단체 소재 자치단체: 90시정촌
▸ 유학생을 받아들인 학교: 초등학교 97개교, 중학교 43개교
▸ 산촌 유학 참가자: 초등학생 552명, 중학생 256명
▸ 참가자 누계(1976~2005년 연인원): 13,288명
▸ 산촌 유학 체험자수(계속 참가자는 연인원에서 제외): 8,117명
▸ 2005년 산촌 유학생: 808명
  −부모 곁을 떠난 산촌 유학생 583명, 가족과 함께 주거지를 이전한 아이는 225명.
  −부모 곁을 떠난 학생이 많은 곳은 나가노長野 129명, 가고시마鹿兒島 124명, 홋카이도北海道 74명.
  −가족 단위로 전입한 유학생이 많은 곳은 홋카이도 125명.
▸ 유학생을 받아들인 학교 상위 5곳 도도부현
  −홋카이도 199개교, 가고시마 35개교, 나가노 16개교, 야마나시山梨 6

개교, 고치高知 5개교.

▶ 유학생을 받아들인 인원수 상위 5곳 도도부현

─홋카이도 198명, 가고시마 143명, 나가노 129명, 고치 33명, 에히메愛媛 28명.

▶ 유학생 출신지 상위 5곳 도도부현

─도쿄 99명, 오사카 92명, 아이치愛知 54명, 효고兵庫 53명, 사이다마埼玉 51명.

산촌 유학생들의 연중 행사 변화

산페 고다마 학원의 수료식에서 또 한 가지 '진화'를 실감한 일이 있었다. 수료식이 시작되기 전에 아이들의 활동이 슬라이드로 소개되었다. 대부분은 아들이 있었을 때와 달라진 것이 없지만 그때는 없었던 부러운 행사가 있었다. 바다 캠핑과 낙농 체험은 이 지역이 아니면 할 수 없다고는 하지만 카누와 요트는 산골인 야사카 마을 스와 호수에서도 체험할 수 있다고 한다. 산속에서 홀로 텐트를 치고 밤을 지내는 '나홀로 캠프'는 모든 아이들이 잊지 못하는 체험으로 작문에 직고 있다. 연간 행사도 다양한 형태로 진화하고 있는 것이다. 아오키 선생님은 말한다.

"제일 중요한 지도자의 사명은 일 년간의 활동과 자연 체험 내용을 아이들의 성장에 맞추어 어떻게 제안해 나갈 것인가에 달려 있다.

그래서 지도자가 아이들과 함께 하면서 얻은 체험을 통해 행사도 진화하게 된다. 자립심을 키우기 위해서는 무엇이 제일 좋은 방법인지 계속 생각하면서 '나홀로 캠프' 라는 활동이 만들어졌다. 자연 속에서 살아가기 위해서는 자연을 읽을 줄 알아야 된다. 그러면 바람을 읽는다는 것은 무슨 뜻일까? 혹시 스와 호수에서 요트와 카누를 탈 수 있지 않을까? 바람을 몸으로 읽는 것, 이것이 바로 이 활동이 기대하는 목적이다."

자연을 몸으로 읽는 체험, 그것이 유학생들에게 무엇을 남길지는 앞서 기술한 유학생들의 인터뷰에서 엿볼 수 있다. 그리고 내가 더 감동한 것은 수료식의 마지막을 장식한 미타가지마三宅島의 북이었다. 일 년간의 감사의 마음을 담아 16명의 유학생들이 온 몸으로 울리는 북소리의 울림. 기가 막히게 북을 다루는 솜씨. 밤에 열린 축하 연회에서 지역 아이들을 포함해 총 40여 명이 춤을 춘 도쿄스쿠이(시마네현의 민요와 함께 추는 춤)도 압권이었다. 북과 민속춤은 지금 '소다테루카이' 의 모든 학원에서도 중요한 활동이 되어 있다고 하는데 이것을 그 많은 활동 속에서 익힌 것을 생각하면 감격스럽다.

"일본인의 피겠죠. 일본 문화 속에 젖어 들면 아이들은 생생하게 살아나거든요."

아오키 선생님이 기쁜 얼굴로 말했다.

일본의 쌀농사 문화 속에서 면면히 이어져 내려온 것, 곳곳의 농어촌에 전통으로 남아 있는 북과 민속춤을 체험 활동 속에 도입하면서 아이들이 몹시 달라졌다고 한다. 11월 말의 수확제를 준비하면서 모두가 한 마음으로 익힌 것이었다. 협동 정신, 서로 돕고 배려하는 마음이 싹트는 등 집단 활동을 하나로 뭉치게 만드는 데 큰 힘이 되는 것은 물론이지만 이것을 유학생들은 과연 어떻게 받아들이고 있을까?

전통 문화를 전한 산촌 유학생

아오키 이사장의 추천으로 외국계 금융기관에서 일하고 있는 요네야 타이치米屋大地 씨를 만났다. 도야마현 출신으로 25세가 된, 지금은 도쿄에서 혼자 살고 있는 예절바른 청년이었다. 명문 사립학교로 유명한 중학교에 들어갔지만 왕따를 체험한 적이 있어서 중학 2학년과 3학년을 야사카에서 보냈다. 3학년 여름방학 때 누나가 유학하고 있던 캐나다의 '썸머 스쿨'에 다녀왔고 야사카 중학교 재학 중에 캐

소다테이카루 산촌 유학생들이 방과 후 시간에 짬짬이 익힌 북춤과 민속춤을 가을 수확제 때 여러 사람들 앞에서 뽐냈다. 이렇게 산촌 유학은 아이들에게 새로운 취미와 특기를 만들어 주기도 한다.

나다 고등학교에 시험을 치르고 합격하였다.

캐나다로 건너가 9월에 있을 고교 진학 준비를 위하여 어학원에서 공부하고 있을 때 누나가 다니는 학교에서 여러 나라 학생들이 자국의 문화를 소개하는 이벤트가 있었다. 그날 저녁의 '일본 축제'에서 그는 일본 대표로 이와테岩手의 전통 춤 미카구라御神樂를 추어 박수갈채를 받았다고 한다.

"일본인으로서 무엇을 보여 주면 좋을지, 자신의 배경은 무엇일까 생각했을 때 야사카의 일이 떠올랐습니다. 그때는 학교에서 북과 민속춤이 한창 이루어지던 때였는데, 나는 그중에서도 특히 민속춤에 끌려 취미로 할 생각까지 하였습니다. 그래서 야사카 센터에 전화를 걸어 테이프와 의상을 받아 연습하였습니다. 그리고 그 춤을 추면서 자신이 붙었고 일본의 무언가를 다들 이해해 주었다고 생각합니다."

캐나다의 고등학교와 그 후에 진학한 미국 대학교에서 역시 이와테의 전통 예능인 오니켄마이鬼劍舞를 춘 적도 있다. 일본으로 돌아온 뒤에도 동기 유학생들이 모였을 때는 모두 오니켄마이를 추며 북을 두드린다고 한다. 그리고 그걸로 마음이 하나로 이어졌다고 한다.

이러한 전통 예능은 누가 어떻게 가르치는 것일까?

"아키다현의 다자와호秋田澤湖에 '짚불극장'이라는 일본의 전통 민속 문화를 집약시켜 새로운 것을 창작하여 공연하는 장소가 있습니다. 그곳에서 비디오를 빌려 와 지도원들이 아이들과 함께 연구하면서 습득한 후 자기들 나름의 즉, 산촌 유학 스타일을 만드는 것이지요. 우리 지도원들이 정말 유능하다고 생각합니다."

아오키 선생님이 자랑스럽게 말했다.

한편, 현재 나가노현에 있는 '다이오카大岡 히지리 학원'의 지도원인 아오키 다카시青木高志 씨는 최근 20년간의 지도원 생활 속에서 유학생들이 배우는 예능 하나하나를 직접 본토로 가서 습득했다고 한다. 더불어 다카시 씨는 아오키 이사장의 차남이다. 또 장남인 아츠시 씨는 본부 리더로 '소다테루카이'의 모든 사업 추진을 담당하고 있다.

산촌 유학생들의 공연 목록

북

미야케지 마타이코三宅島太鼓―도쿄 미야케지마에 전해지는 일본 북 춤.
치치부아다이히야시秋父屋台囃子―사이다마埼玉, 치치부秋父 지방에서 옛부터 전해 온 축제 때 박자를 맞추며 흥을 돋우기 위해 사용하는 음악.
부라아와세 북―가나가와神奈川, 미사키三崎 지방에 전해지는 풍어제 때 북소리 시합으로 진 편의 북을 찢어 바다에 바친다.

호우넨타이코豊年太鼓―이시카와石川 현에 전해지는 북 장단으로, 축제와
　는 별도로 독립된 형태의 장단을 가졌다.

민요

니신바 논도場音頭―홋카이도의 대표적인 민요로 청어잡이 어부들이 풍
　어를 기원하며 부르는 노래.
마카쿠라御神樂―이와테岩手현에 전해지는 춤과 노래로 왕실과 관련 있는
　절에서 신에게 바치는 춤과 노래.
오니켄마이鬼劍舞―이와테현에 전해지는 전통 예능의 명칭. 1993년 중요
　무형민속문화재로 지정.
고다이진古代神―도야마富山, 나카타 지방에서 여자 아이가 음악에 맞추
　어 양손에 부채를 들고 추는 춤.
에이사―오키나와 지방의 전통 춤.
하네코―미야기宮城 지방의 풍년을 기원하며 음악에 맞추어 박수를 치며
　흥을 돋우는 춤.

산페 고다마 학원의 나홀로 캠프

소식지 『소다테루카이』에서 발췌

4월부터 진행해 온 캠프 활동의 총정리에 해당되는 나홀로 캠프가 10월 9일부터 10일까지 열렸다. 9일 오후부터 10일 오후까지 총 하루 동안 세 끼의 식사를 만들고 혼자서 지내는 것이 규칙이다. 야영 장소는 물론 각자 다르며 서로의 모습도 당연히 보이지 않는다. 걸어 다니거나 큰 소리를 내는 것도 규칙 위반이다.

며칠 전부터 아이들이 하나같이 불안과 걱정으로 들떠 있는 모습이었지만 캠프 전날, 아침부터 큰비가 내리자 "역시 땅이 젖겠어.", "불 피우기 힘들겠다."며 당황해서 빗속을 뚫고 장작을 구하러 가는 아이들이 분주했다. 그래도 당일에는 아침부터 날씨가 개기 시작, 모두들 얼마나 가슴을 쓸어내렸는지 모른다.

점심 식사 후 음식 재료와 장비를 각자 준비하여 드디어 야영지로 출발하였다. 지도원과 각자의 캠핑 장소로 떠나면서 "너무 긴장돼.", "살아서 돌아올 수 있을까?" 하며 굳은 표정으로 이야기를 나누었다.

야영지에서는 먼저 텐트를 설치했다. 희망자는 파란색천막과 밧줄로 간이 텐트를 만드는 데 도전하였다. 그리고 식사 준비, 배급된 성냥은 3일분으로 15개비가 주어졌다. 지금까지 한 캠프에서 불 피우는 방법을 생각해 내면서 아이들은 여러 가지 방법으로 불 피우기에 도전하였다. 그중에는 도저히 불이 붙지 않아 차가운 식사를 하는 아이도 있었다.

다음 난관은 밤이었다. 새까만 숲 속에서 하룻밤을 지새우는 것이기 때문에 두려움과 불안은 꽤 컸다. 하지만 모든 아이들이 저녁 7시부터 침낭에 들어가 9시에는 쿨쿨 코를 골며 잠이 들었다. 언제 어디에서나 잘 자는 것이 산촌 유학생들의 강점이다.

그래도 아침이 오고 주변이 밝아지자 아이들도 기뻤던지 여유를 가지는 듯했다. 전날 불을 붙이지 못했던 아이들도 불 붙이기에 성공하는 모습을 보였다.

다음 날 오후 2시에 모두가 센터로 돌아왔는데, 아이들은 하나같이 성취감으로 얼굴이 빛나고 있었다. 이번 캠프는 모든 아이들에게 자신감을 심어 주었다고 생각한다. 아이들끼리 있는 시간을 보냄으로써 자신을 되돌아보고 친구들을 생각하게 만든 귀중한 이틀이었다.

—산촌 유학 지도원 도모토 하나農本花

산촌 유학, 이렇게 진화했으면

2005년 여름부터 카나가와현神奈川縣 요코하마시横浜市가 여름방학때 야사카에서 단기 산촌 유학 '작은 자연 학교'를 열고 있다. 시의교육위원회 평생학습과가 정부 위탁을 받아 진행하는 산촌 유학 지원사업이다.

요코하마시에는 초·중학교를 합쳐서 520개 이상의 학교가 있으며, 학생 수는 27만 명에 이른다. 작은 교육이 닿지 않는 것이 과제였다. 그렇게 눈이 닿지 않는 부분을 요코하마시에서 지원하겠다는 것이 발족 계기라고 한다.

시민들에게 산촌 유학에 대한 이해를 시키기 위하여 '소다테루카이'의 협력으로 심포지엄을 열었다. 이 일을 시작할 때, 요코하마시장이 직접 야사카를 시찰했다고 한다. 이 해는 70명이나 되는 응모자가 있어서 추천으로 33명이 참가했고, 그중에서 2명이 장기 산촌 유학을 결정하였다. 그리고 2년차에는 장기 산촌 유학 희망자를 위하여하루 동안 부모들도 같이 참가하여 현지를 견학하는 기획도 만들어졌으며, 상당한 인원이 침기 신청을 했다고 한다. "정부 지원이 있을 때어떻게 해서든지 장기 산촌 유학의 기반을 다져야 한다."고 시의 담당자가 말했다.

요코하마시의 홍보 팸플릿에는 이러한 체험 기록이 많은 칼라 사진과 함께 소개되어 "산촌 유학을 가지 않겠느냐"며 유혹하고 있다. 이 팸플릿을 손에 든 나는, 운영 사무국이 '평생학습과'라는 사실이 한편으로는 놀랍고 참 부러웠다.

도쿄 23개 구區가 실시하고 있는 평생 학습 사업은 대부분이 중고등학생 연령층을 대상으로 한 학습 강좌와 심포지엄이다. 물론 아이들을 위한 몇 개의 자연 체험 프로그램도 있는데, 부모 곁을 떠나 생활하는 장기 유학과 이어지는 것은 아니다.

나는 도쿄에 사는 아이들이야말로 '삶의 힘을 키우는' 장기 산촌 유학을 후원해 주기를 원한다.

우리 사무실이 있는 치요다구千代田區는 지금도 계속해서 초고층 빌딩이 건설되고 있는 도쿄 한가운데에 있다. 하지만 황궁을 중심으로 한 치도리가이케, 기타노마루 공원, 야스쿠니 신사 등 드넓은 자연을 가지고 있다. (아니, 도쿄도 상상 이상으로 자연이 많은 도시다.) 하지만 몇 십만 명이 몰려드는 벚꽃 계절 이외에는 '수목과 꽃 대궐'이라 부를 만큼 기타노마루 공원은 조용한 곳이다. 잡목림과 일본 정원, 넓은 잔디가 있는 황궁의 동쪽 정원은 외국인 관광객이 보일 때가 많다. 초·중·대학교까지 학원이 몰려 있고, 야스쿠니 신사는 아이들 통학로이기도 하다. 하지만 아이들이 새싹이 돋는 나무들과 꽃봉오리에 눈을 줄 수 있을까?

만약 치요타구가 평생 학습 사업으로 산촌 유학을 도입한다면 구내에 사는 아이들, 그리고 부모들의 자연을 보는 눈이 달라질 것이다.

귀중한 문화유산이기도 한 황궁 주변의 자연을 사랑하고 지키는 일은 나날의 삶 속에서 실천해야 하는 것이 아닐까?

부모자식 사이에 비참한 사건이 끊임없이 이어지는 시대다. 자연에 대한 생각 이상으로 유학 경험자들이 얻은 마음의 재산은 바로 자기 의지로 진로를 선택하고 강하게 살아가는 힘이라는 것을 행정 교육 담당자들이 더 알아 주었으면 좋겠다. 또, 지역의 미래를 걸고 따뜻한 마음으로 유학생들을 맞이하고 있는 전국의 농어촌을 위해서도 유학을 보내는 쪽의 지원이 확대되기를 원한다.

유학생을 받아들이고 있는 자치단체에서는 힘든 지역 행정 안에서 후원금을 만들고 있다. 그러한 후원금이 있기 때문에 급격하게 발전할 수 있었던 산촌 유학이지만, 그나마 최근 2년 정도는 감소 추세에 있다.

산촌 부모의 고령화, 새로운 산촌 부모 확보 같은 앞으로의 과제도 아직 남아 있다. 받아들이는 쪽과 보내는 쪽의 행정이 협력하여 아이들의 '삶의 힘을 기르는' 교육을 지속시키고 발전시켜 주었으면 좋겠다.

부록

우리나라식 산촌 유학, 그 튼튼한 뿌리내리기

박경화

산촌 유학, 무엇을 배우는 유학일까?

"산촌 유학? 해외도 아니고, 뭔 유학을 산촌으로 간다냐?"

'산촌 유학'이라는 말을 처음 들은 사람들은 눈을 동그랗게 뜨면서 이렇게 되묻곤 했다. 지금까지 우리가 알던 '유학'이란 학업을 계속하기 위해 자신이 본래 살던 지역이나 배움터보다 더 나은 조건의 학교나 환경을 찾아 떠나는 것이었다. 그에 비해 산촌 유학은 복잡하고 사마한 도시에서 사는 아이들이 일정 기간 부모 곁을 떠나 산촌에서 생활하면서 그 지역의 학교를 다니고, 시골살이를 직접 체험하는 것을 말한다. 잠깐 떠나는 여행이나 체험이 아니라 한 달, 또는 일 년이라는 적지 않은 시간 동안 농가 부모의 보호 아래 시골의 삶과 정서를 직접 배우고, 넉넉한 자연 속에서 생태 감수성을 느끼는 시간이다.

어학 실력 향상이나 학위를 목표로 하는 유학, 우리가 본래 알던 유학과 산촌 유학이 다른 것은 바로 이런 점이다. 모든 것을 의지하고 살았던 부모 곁을 떠나 자립하는 방법을 배우고, 변화무쌍한 자연과 교감하면서 더불어 사는 공동체의 삶을 배우는 시간이기도 하다. 자, 그렇다면 유학생들이 살고 있는 공간을 살짝 들여다보자.

농가에서 일어나는 일

산촌 유학 사흘째, 아이들은 마치 약속이나 한 듯 스르르 기운을 잃고 앓기 시작했다. 아늑한 부모의 품을 떠나 낯선 공간에서 적응해 갈 무렵 찾아드는 이 몸살은 몸과 마음에서 긴장이 풀리면서 찾아오는 홍역 같은 것이다. 그러면 농가의 엄마는 아픈 아이를 꼭 안아서 재워 주었다. 그리고 하룻밤이 지나면 아이는 언제 그랬냐는 듯 생기를 되찾고, 농가의 부모에게도 친근감을 느끼며 무한한 신뢰의 눈빛을 보내곤 했다. 이 때 잠자리에 함께 누운 정현이는 비밀 이야기를 살짝 털어놓았다.

"사실은요, 제가 오줌을 싸는데요……."

자신만의 일급비밀을 조심스레 털어놓으며 마음의 문을 여는 정현이, 이 아이를 위해 농가의 부모는 아이의 성격에 맞는 상황 대처를 해 주어야 한다. 내성적인 아이는 오줌 싼다는 사실을 농가 부모만이 아는 절대 비밀로 지켜 주어야 하고, 외향적인 아이는 함께 사는 친구들 모두에게 미리 알려서 이해받기를 원하기 때문이다.

산촌 유학 내려온 지 넉 달째를 맞은 시묵이는 벌써 세 번째 치과를 다녀왔다. 며칠째 어금니가 흔들려 밥을 먹기 불편했는데, 치과에 가니 영구치가 이미 돋아나고 있었다. 눈물 한번 찔끔 흘리며 어금니를 뽑는 큰일을 겪은 아이는 정작 아픈 것보다 당분간 딱딱한 과자를 먹지 못한다는 것이 더 걱정인 눈치다. 이렇게 산촌 유학은 아이의 성장기를 함께 보내면서 세심한 관찰과 배려가 필요한 일이기도 하다.

농가의 아이들과 도시에서 내려온 아이들 여럿이 어울려서 사는 공동체 생활에서는 자신이 밥 먹은 접시는 스스로 설거지를 해야 하고, 방 청소는 물론 아궁이 불 지피기나 토끼 먹이주기, 텃밭 가꾸기 같은 제몫의 일도 해야 한다. 학교 선생님이 내 주신 숙제도 알아서 챙겨야 하고, 옷과 학용품, 책 같은 자신의 소지품도 직접 챙겨야 한다. 농가 부모는 아이가 도움을 요청했을 때만 도와주고, 스스로 자립하게 한다.

이런 산촌 유학이 시골에서 머무는 하숙이나 홈스테이와 다른 점은 생태 교육에 대한 철학과 교육관을 가진 활동가나 농가 부모(산촌 부모)가 산촌 유학을 운영한다는 것이다. 이들은 시골의 공동체 문화를 체험하게 하고, 생태적 감수성을 일깨워 주는 다양한 교육 프로그램을 기획하고 경험하게 한다. 또, 생태 캠프와 다른 점은 정해진 시간과 빠듯한 일정 속에서 스쳐 지나가듯 배우는 맛보기 체험이 아니

라 한 지역에서 오랜 시간 생활하면서 시골 농가의 삶을 몸으로 익히
게 한다는 것이다.

일을 거들면서 아이들은 농사는 때가 있고, 그 시기가 무척 중요하
다는 것을 스스로 깨닫고, 식물과 동물, 곤충 같은 생명에 대해서도
생각해 보는 시간을 갖는다. 동네 어른, 지역 학교의 선생님, 또래 친
구 모두가 스승이 되고 친구가 되고, 오래된 숲과 계곡, 냇가, 논과 밭,
모든 환경이 놀이터가 되고 또, 배움터가 된다.

서른 살이 넘은 일본의 산촌 유학

산촌 유학을 처음 시작한 곳은 일본이다. 1968년 '아이들을 키우는
모임' 이라는 뜻을 가진 환경 교육 단체인 '소다테루카이' 에서 처음
시작하게 되었다. 도쿄의 공립학교 교사였던 아오키 선생은 학교에
서 근무하는 동안 도시에서 사는 아이들에게 필요한 것은 자연 체험
이나 시골 생활 체험이라는 것을 절실하게 느꼈다. 그래서 37살에 교
사 생활을 접고 사회 교육 단체를 설립하기로 마음먹었다.

'다음 세대를 짊어질 생태적인 사람을 키우자' 는 목표로, 도시의
초·중학생들이 주말이나 방학 때 나가노현 야사카 마을 농가에서 지
내면서 자연 체험이나 농가 생활 체험, 공동체 놀이를 할 수 있도록
프로그램을 열기 시작했다. 무엇보다 '체험' 을 중요시하는 이 환경
교육은 다른 곳에서는 볼 수 없었던 새로운 방식이라 일본 사회에서
큰 반향을 얻었고, 참가자도 부쩍 늘었다. 그리고 참가한 아이들이

"좀 더 오랫동안 시골에서 생활하고 싶어요.", "시골 학교에 다니고 싶어요."라는 요청을 하기 시작했다. 그러자 아오키 선생은 마을 지자체와 학교를 설득해서 1976년 4월부터 초·중학생 9명이 일 년 동안 야사카 마을에 아예 전학을 와서 살 수 있도록 '산촌 유학'이라는 새로운 길을 열었다.

산촌 유학은 아이들의 자연 학습과 환경 교육에서 한 걸음 더 나아가 '지역 살리기'와 '작은 학교 살리기 운동'으로도 주목받았다. 그 당시 일본 사회도 농촌과 산촌, 어촌 마을의 인구가 점점 줄어들어 지역 경제 활성화와 농촌 공동체 복원, 작은 학교 살리기, 도시 공교육의 한계 해결, 시골 공교육의 역량 키우기 같은 다양한 문제의 대안으로 산촌 유학이 좋은 반응을 얻었다. 인구가 점점 줄어드는 산촌 마을에 도시 아이들과 부모들이 찾아오면서 활기가 넘쳐나고, 통폐합 위기에 있던 작은 학교는 아이들이 늘면서 폐교 위기에서도 벗어나게 되었다. 또, 도시에서 온 어른들이 지역의 가게를 이용하면서 지역의 소득 증대에도 보탬이 되었다.

30년을 거치면서 산촌 유학의 운영 주체도 다양해졌다. 운영 주체는 크게 지방자치단체와 지역 주민, 민간단체로 나눌 수 있는데, 지방자치단체가 주체가 되어 운영하는 곳이 약 20퍼센트, 지역 주민이나 학교가 주체인 곳은 60퍼센트, 민간단체가 주체인 경우는 20퍼센트이다. 산촌 유학을 오는 아이들은 초등학생이 대부분이고, 드물게 중학생도 있지만, 대입 시험을 앞둔 고등학생은 아직 없었다. 일본 산촌 유학 전국협회의 '2005년 산촌 유학 실행지 실태 조사'에 따르면 지난 30여 년 동안 산촌 유학에 참여한 지자체의 수는 151개 지역으로, 연평균 500~800명의 학생들이 산촌 유학을 경험했다.

우리식 산촌 유학의 길찾기

산촌 유학이라는 말은 30년 전부터 일본에서 쓰기 시작했지만 우리나라에서는 '산골 유학'이라고도 하고, '유학'이라는 말 때문에 오해하는 이들이 있어 '시골살이'라고도 부른다. 우리나라 공교육에는 이미 '도농 교류 학습' 또는 '교환 학습'이라는 제도가 있어 학기 중이라도 전학 절차 없이 두 달 동안 다른 지역에서 머물 수 있다. 학교 간에 간단한 서류만 오가면 시골학교나 도시학교 어디든 옮겨서 생활할 수 있다.

우리나라는 농촌에 귀농한 젊은 부부를 중심으로 도농 교류 학습이 조금씩 이루어지고 있었다. 그러다가 산촌 유학에 관심을 가지고 산촌 유학 센터의 역할에 주목하면서 시작한 것은 2007년부터다. 우리나라 농촌 마을 역시 인구가 점점 줄어들고 아이의 울음소리조차 듣기 어려워지면서 '지역 살리기'와 함께 '작은 학교 살리기'에 도움이 될 거라는 기대를 하고 있다. 농촌 인구가 대도시로 몰려드는 주요 원인 중 하나가 자녀들의 교육 문제이다. 덕분에 시골 학교는 아이들이 점점 줄어들면서 학교가 통폐합이 되고, 폐교 위기에 몰리고 있다.

산촌 유학은 입시 위주 교육이 아니라 아이들이 자연 속에서 감수성을 키우고 넉넉한 시골의 삶을 배우고, 마음의 고향을 만들 수 있기를 기대하고 있다. 그래서 교육 문제에 관심이 많은 부모들이 산촌 유학에 깊은 관심을 보이고 있다. 줄어드는 인구 문제를 고민하는 지자체도 관심을 보이고 있고, 생태·환경 교육을 하는 환경 단체에서도 일회성 캠프를 넘어 깊이와 체계가 있는 프로그램을 산촌 유학을 통해 시도하려 하고 있다. 또, 도시를 떠나 농촌에서 보금자리를 마련하고 건강한 먹을거리를 생산하려는 귀농 단체와 공교육의 문제에 대안을 제시하는 대안 교육 단체, 새로운 마을 공동체를 이루려는 사람들도 관심을 기울이고 있다.

산촌 유학은 농가의 부모가 아이들을 돌보는 '농가형'이 있고, 산촌 유학 센터에서 단체 생활을 하면서 지역학교에 통학하는 '센터형'이 있고, 한 달에 보름 또는 20일 정도를 기숙사를 겸한 산촌 유학 센터에서 단체 생활을 하고 나머지 기간은 농가에서 생활하는, 센터와 농가를 번갈아 오가는 '복합형'이 있다. 센터에는 전문 활동가가 상주하면서 방과후 프로그램과 생활 지도를 맡는다. 또, 가족이 함께 시골로 옮겨 와 지내면서 지역의 학교를 다니는 '가족형'도 있다. 아이들이 머무는 기간은 2주일부터 한 달, 6개월, 또는 1년까지 도시 부모와 농가의 부모, 아이의 의견에 따라 조율이 가능하고, 산촌 유학의 비용 역시 농가의 여건과 체험프로그램의 종류에 따라 서로 다르다.

산촌 유학에 관심 있는 사람들을 위한 문도 열어 놓고 있다. 장기 산촌 유학을 시작하기 전에 미리 체험을 해 보는 1박 2일, 또는 2박 3

일 단기 프로그램도 열어 부모와 아이들이 미리 경험할 수 있게 돕고, 도시 학부모를 위한 설명회도 열어 산촌 유학의 장단점과 고민을 함께 나누는 자리도 마련하고 있다.

우리식으로 튼튼한 뿌리내리기

이렇게 산촌 유학을 하고 있거나 관심을 가진 이들이 모여 2008년 '전국 산촌 유학 협의회'를 구성하고, 우리나라식 산촌 유학의 튼튼한 뿌리를 내리기 위해 고민하고 있다. 2007년 3월에 문을 연 전북 완주 '고산 산촌 유학 센터'와 2007년 2학기에는 강원도 양구의 어린이 문화단체 '또랑', 2008년 1학기에는 충북 단양의 한드미마을 '산촌 유학 센터'가 아이들을 맞이하고 있다. 또, 경남 밀양과 울산, 경북 경주에서는 2008년 2학기부터 산촌 유학을 시작할 예정이다. 그리고 수년째 교류 학습을 진행하고 있는 경남 함양의 김일복 씨를 포함한 여러 지역에서 농가형 산촌 유학을 운영하고 있다. 이들이 모두 모인 전국 산촌 유학 협의회는 지역마다 다른 여건과 고민, 다양한 프로그램 같은 서로의 장단점을 비교 분석하고, 우리식 산촌 유학의 새로운 길 찾기를 시도하고 있다.

산촌 유학은 새로운 방식의 '대안 교육 운동'이자 '농촌 살리기 운동'의 좋은 씨앗이 될 것이다. 교육이라는 주제 하나로 도시 아이와 시골 아이, 도시 부모와 시골 부모, 그리고 농가의 부모와 활동가, 교사와 마을 사람들까지 아이를 생각하는 모든 사람들이 우리 교육환경을 되돌아보게 되고, 함께 고민하면서 해결 방법을 찾게 될 것이다.

어린 시절에 익숙한 생활 공간을 떠나는 큰 결단을 내린 아이들, 이들에게 거는 기대는 '변화하는 아이', '자립하는 아이', '스스로 판단할 줄 아는 아이'다. 이런 아이의 변화에 주목하듯 이제 첫 걸음을 내디딘 우리나라 산촌 유학 역시 우리 여건에 맞는 제자리 찾기, 어떤 바람에도 흔들리지 않는 튼튼한 뿌리를 내릴 것이라 기대한다.

우리나라 산촌 유학 센터와 농가

강원 양구군 동면 '어린이 문화단체 또랑' www.ddorang.net
경남 함양군 마천면 '햇살네 교류학습' blog.naver.com/hieri
경남 함양군 서하면 '봄바람네 산촌 유학' blog.naver.com/kwoohee
경북 예천군 용문면 '시골살이 아이들' blog.naver.com/snsclick
전북 완주군 고산면 '고산산촌유학센터' cafe.daum.net/Confucian
충북 단양군 가곡면 '한드미마을' www.handemy.org
경북 경주시 내남면 '경주산촌유학센터' muji114.com

글쓴이 박경화는 생태운동가다. 녹색연합에서 일하는 동안 월간지 『작은것이 아름답다』에서 일했으며, 대안 교육 잡지 『민들레』에서 책 만드는 일을 하는 동안 일본의 소다테루카이에 가서 일본 산촌 유학의 현장을 살펴보기도 했다. 국내의 산촌 유학 센터들과 지속적으로 연락을 주고받으며 한국 산촌 유학의 탄생과 진화를 지켜봐 왔다. 지은 책으로 『산골 마을 작은 학교』(공저), 『도시에서 생태적으로 사는 법』, 『고릴라는 핸드폰을 미워해』 등이 있다.

일본의 산촌 유학 가이드

■ 산촌 유학에는

—봄, 여름, 겨울 방학에 하는 단기 산촌 유학(3~18일 동안 자연 체험 활동)

—토요일과 일요일을 이용하여 자연 체험 활동을 하는 미니 산촌 유학

—일 년 단위로 하는 장기 산촌 유학이 있다.

■ 장기 산촌 유학으로는

—유학 센터, 학교, 지역(산촌 부모)이 하나가 되어 지도하는 학원 방식

—지역(자치단체)이 운영하는 유학 센터에서 학교에 다니는 센터 방식

—산촌 부모 집에서 학교에 다니는 산촌 부모 방식

—지역의 후원으로 가족과 함께 이주해서 사는 가족 방식 등이 있다.

여기에서는 재단법인 '소다테루카이' 가 운영하거나 지도자를 파

견하는 학원 방식의 개요에 대해 정리한다.

소다테루카이란

문부과학성 소관 재단법인이다. 1968년 교직원과 부모, 교육 관계자들이 함께 하는 임의 단체로 발족했다. 처음에는 '가정교육연구소'로 출발해서 부모들의 교육 의식 조사, 설문, 완구 개발, 기관지 발행, 학교 방학 기간 중 각종 야외 활동을 하였다.

1976년, 산촌 유학을 처음으로 일본에서 제도화시켜 이후 연간 산촌 유학 사업, 여름·겨울·봄방학 기간 중에 하는 단기 산촌 유학(농어촌 교류 체험 사업), 주말을 이용한 미니 산촌 유학 등 자연 체험 활동을 실시하고 있다.

현재 나가노현 안의 3개시와 촌에서논 산촌 유학을 운영, 실시하는 것 외에 자치단체와 각종 단체가 실시하는 자연 체험·교류 체험 활동의 기획과 지도교사 파견, 지역의 폐교 등 유휴 시설을 효과적으로 이용하기 위한 설계와 이용 계획 같은 컨설팅 사업도 하고 있다.

일 년간의 주요 활동과 행사—4월부터 9월까지

	센터 활동	학교 행사	농가 활동	부모 행사
4월	-입학식 -센터에서 　기초 생활 훈련 -봄을 찾는 활동	-입학식, 시업식 -부모님과 　선생님 간담 -지역 아이들 모임	-4월 후반 농가 결정 -농가대면회 -생활규칙	-입학식과 입원식 -부모님 심정 설명 -부모 교류 모임
5월	-밭 갈기, 　묘목 심기 등 -밭농사, 야채 재배 -서바이벌 캠프 -사과꽃가루 접목	-봄 소풍 -사회과 견학 -수학여행 -수업 참관 -교통 교실 -산나물 캐기	-청소, 　목욕물 데우기, 　그릇 닦기 -농가 도우미	-부모들 농가 방문 -부모와 함께 　산나물 캐기
6월	-된장 담그기 -요트, 　모터보트, 카누	-음악 감상회 -구기 대회 -산촌 부모 간담 -마라톤 대회	-도로 개보수 공사	
7월	-논 잡초 제거	-바다학교 -메밀밭 갈기 -캠프 -산 집	-농가 작업 도우미	-전체 부모 모임 　(도쿄 · 나고야 · 　오사카)
8월	-귀가	-농가 체험 교실 -수영 기록 대회 -여름방학		
9월	-북알프스 등산, 　기소고마가다케, 　츠바구로다케, 　하치카다케 -다른 학교 방문	-운동회 -메밀 수확	-마을 축제	

일 년간의 주요 활동과 행사—10월부터 3월까지

	센터 활동	학교 행사	농가 활동	부모 행사
10월	−벼 베기 −버섯 따기 −나홀로 캠프 −나무 열매 따기	−가을소풍 −음악회 −군내 역전 마라톤 −현내 여행 −전교 등산 −사생 대회	−농가 작업 도움 −촌민 운동회 참가	−촌민 운동회
11월	−센터 수확제, 요트, 연구 발표, 제식, 회식 모임, 바자 −탈곡	−마라톤대회 −수업 참관 −촌민 문화제	−가을 수확제 참가	−수확제 참가 −부모와 함께 가는 소풍 −문화제 참가
12월	−장아찌 담그기 −겨울 야채 준비 −집으로	−메밀국수 만들기 −짚 세공 대회 −스케이트 대회		−담임 선생님 개인 간담회
1월	−스키 −크로스컨트리 −글라이더 체험 여행	−스케이트 대회 −돈도야키 (구정에 집을 장식한 장식품 들을 태우는 행사) −스키 교실		−전체 부모 모임 −부모와 함께 가는 스키
2월	−스키 −전교 유학생 합동 활동	−스키 교실 −산다와라 만들기 (짚으로 만드는 장난 감) −학습 발표회	−농가 송별 모임	−개인 면담
3월	−수료식 −송별 모임	−송별 모임 −졸업식 −수료식		−수료식, 졸업식 참가 −회식 모임

입학식의 수속과 순서

① 학교 안내, 모집 요강 신청

② 희망에 따른 현지 방문, 견학, 체험 유학

③ 학원 설명 상담 모임

④ 제출 서류 신청

⑤ 신청 수속(신청서, 조사표, 성적표 복사본 제출)

⑥ 부모/아이 면접 선발 모임

⑦ 입학 결정 통지, 수속 서류 우송

⑧ 입학식 수속(재학 증명서/전출 증명서/보험증)

⑨ 입학식

ㅡ학원 설명 상담회 : 11월 하순부터 1월 하순까지 도쿄, 오사카, 나고야
　　　　　　　　의 각 회장에서 두 번씩 개최

ㅡ제출 시기 : 1차 모집은 12월 중순부터 1월 하순, 2차 모집은 2월 1일부
　　　　　터 2월 하순

산촌 유학을 결정하기까지

① 취지 이해

② 결심

　ㅡ봄, 가을, 겨울 휴가 자연 체험 활동 참가

　ㅡ산촌 유학 홈페이지 보기

　ㅡ영화, 비디오 보기

─산촌 유학에 관한 책 보기

　　　─학원 설명 상담회 참가

　　　─현지 방문, 견학

　　　─사무국 방문, 상담

③ 신청서 제출

④ 면접 선발

⑤ 입학 결정

⑥ 입학 준비

산촌 유학 일 년의 비용(비용은 저자가 산출한 것임.)

산촌 유학 일 년 비용은 크게 나누어 다음과 같은 것이 있다.

① 입학 경비(입학금, 시설 교재비, 보증금이 있다. 보증금은 수료 후 동창회비 1만

　엔을 제하고 반환된다.)

② 월사금(센터 숙박비, 학원 생활 지도비, 상해 보험료)

③ 부모 회비(농가에 대한 추석, 연말연시 선물, 마을 행사 기부, 수료식 기념품, 통

　신, 기타에 사용된다.)

④ 개인 예비비(농가, 센터, 학교에서 개인에게 드는 제반 경비로 방문 때 맡기거나

　센터에서 청구하여 송금한다.)

⑤ 부모의 방문 교통비, 숙박비

⑥ 행사 관계 경비(수확제, 수료식 등)

'소다테루카이' 야사카 학원, 초등학생의 경비

① 입학 경비—23만9,000엔(입학금 10만 엔, 시설 교재비 6만 엔, 보증금과 월사금
한 달분 7만 9,000엔)

② 월사금(연간)—94만8,000엔

③ 부모 회비(연간)—1만 엔

④ 개인 예비비(연간)—15만 엔~20만 엔

(6학년은 수학여행을 위해 월 3만 엔~5만 엔 정도 많아진다. 학년, 개인에 따라 차
이가 있다.)

개인 예비비 쓰임새는 다음과 같다.

급식비 4월 7,782엔, 5월부터 다음해 1월까지 월 5,002엔, 학급비 만2천 엔, PTA 회
비 2,100엔, 학교 행사비 4,000엔, 센터 행사비 3만 엔(등산, 스키, 소풍, 견학 비용+
스키 도구 임대비 8,000엔, 귀성 교통비(2회) 5,400엔), 기타, 학용품, 소모품, 마
을 축제 용돈, 의료비, 통원 택시비 등

⑤ 부모 방문 교통비, 숙박비—190,750엔(자동차를 이용한 부모가 많다. 여기에
서는 신주쿠에서 열차 8회, 센터 12박으로 계산(신주쿠-시나노오오카치(특급))
왕복 13,230엔×8=105,840엔, 아이(수료식) 6,610엔, 택시 비용 시나노오오마치
~야사카 25,000엔×8회=20,000엔, 귀성(버스) 4,000엔, 1박 2식 4,250엔, 난방비
550엔, 1박 2식 9,800엔)

⑥ 행사 관계 비용—8,000엔(수확제, 송별 회비 2,000엔×2, 2차, 간담회 음료비
2,000엔×2(알콜 비용 없을 경우 1,000엔))

①~⑥ 합계—1,545,750엔~1,595,750엔

이 밖에 점심 식사비, 의류비 등 보충, 시나노오오마치에서 쇼핑, 기타 택시비, 현지 선물 비용 등을 포함한 더 다양한 지출이 있었다.

산촌 유학에 대한 조사(항목 열거)

1) 자치단체가 산촌 유학을 시작한 동기(소다테루카이 조사, 109개 단체, 복수 응답, 2003년)

적은 인원수 학급의 활성화를 생각함 59.6%

학교 살리기, 지역 살리기 54 .1%

도시 아이에게 자연 체험을 시킴 39.4%

복식 학급 회피를 위하여 31.2%

도시와의 교류에 따른 마을 살리기 22%

2) 운영 단체에서 본 성과(농림수산정책연구소, 국립교육정책연구소, 소다테루카이 조사, 95단체, 복수 응답, 2003년)

산촌 유학생이 성장해서 돌아감 85.3%

받아들인 지역의 아이에게 자극이 됨 75.8%

지역이 밝아졌다 56.7%

지역 행사가 활성화되었다 53.7%

학교가 존속되었다 40%

시골의 좋은 점을 주민들이 알게 되었다 32.6%

이미지 높아지고, 다른 사업에 대한 파급효과 27.4%

3) 받아들이는 쪽의 고민(농림수산정책연구소, 국립교육정책연구소, 소다테루
   카이 조사, 95단체, 복수 응답, 2003년)
   산촌 부모 확보가 어려움 54.7%
   자치단체의 경제적 부담이 큼 42.1%
   산촌 부모의 정신적 부담이 큼 34.7%
   산촌 유학생의 확보 32.6%
   학교 교직원의 부담이 큼 29.5%
   공적 조성금이 적음, 운영에 지장 18.9%

4) 부모 곁을 떠난 산촌 유학생의 참가 동기(소다테루카이 조사, 초등학생과
   중학생 451명 조사, 2005년)
   자연 속에서 사는 일에 매력
   심신의 건강 회복
   등교 거부, 왕따 등 학교 고민
   친구관계 등 악영향 걱정
   부모자녀 관계와 가정 사정

5) 산촌 유학 경험자가 느낀 긍정적인 면(소다테루카이 조사)
   사람 사이의 교제 방법을 배움

정신적으로 강인해짐

자연을 즐기게 됨

참을성이 생김

사람의 만남에 대한 소중함을 알게 됨

성장의 양식이 된다고 생각

친구가 생김

그 아이들이 산촌 유학을 알고 있었다면

초등학생들의 자살과 살인 등 믿기 어려운 사건이 언론에 보도될 때마다 나는 생각한다. 그 아이들이 만약 산촌 유학을 하고 있었다면 절망에 몸을 던지기 전에 그 산들을 보러 갈 것이다. 농가 아버지, 어머니를 찾을 것이다. 마음의 풍경을 찾아 걸으며 살아가는 힘을 되찾았을 것이다.

첫 자식을, 그것도 남자 아이를 얻었을 때 너무 기뻐 내가 과연 이 아이를 지켜 낼 수 있을지 불안에 떨었다. 독신 시절, 청소년들의 이유 없는 자살이 가까운 곳에서 연이어서 일어났기 때문이었다. 아들의 산촌 유학을 결정했을 때 그 사실에 대해서는 잊었지만 나 이상으로 기댈 수 있는 곳, 살아가기 위해 선택할 수 있는 것을 만들어 주어야겠다고 생각했다.

방송 대학의 졸업 연구 논문으로 산촌 유학을 선택한 히로세 미치요 씨는 "아이 셋을 유학시킨 동기는 어머니로서 감 같은 것이었다."고 말하고 있다. 나는 이 책이 한 사람이라도 더 많은 분에게 자기 아이를 위한 '감'을 키우는 데 일조할 수 있기를 기대한다.

출판 기회를 준 교육평론사의 대표인 오오하시 요시히로大橋祥宏 씨를 비롯하여 편집부 여러분들, 그리고 멋진 사진을 제공해 주신 분들께 감사드린다.

그리고 아오키 선생님을 비롯하여 '소다테루카이'의 여러분, 모든 산촌 유학생과 보호자들, 수기를 참고할 수 있도록 도와주신 아케미 씨, 오오타시를 비롯하여 자치단체 여러분, 야사카의 어머니, 아버지,

마을 사람들 덕분에 산촌 유학의 30년을 부족하나마 전할 수 있는 책이 만들어졌다.

마지막으로 즐거운 에피소드를 전하고 싶다.

3년 전, 야사카에서 축하 모임이 있었다. 야사카로 시집간 산촌 유학생 기타자와 아이 씨, 그리고 야사카에서 신부를 맞이한 츠루타 씨의 결혼 피로연이었다. 그 자리에서 촌장님이 이런 말로 모두를 웃게 만들었다.

"한 명을 데리고 왔다고 생각했는데, 한 명을 빼앗겼습니다."

교토에서 간호사 자격을 딴 신부는 꼭 야사카에서 일하고 싶다며 마을 간호 시설에 근무하며 야사카 초등학교 동급생이었던 기타자와 씨와 인연을 맺었다. 츠루타 씨는 고등학교 시절 역시 초등학교 동급생이었던 사야카 씨와 야사카 마을 축제에서 재회한 것이 계기였다고 한다.

이렇게 산촌 유학은 참가자뿐만 아니라 일본 전체의 삶의 힘이 되어 줄 것이라고 생각한다.

2006년 10월 30일

고쿠분 히로코國分紘子

자연이 키워 낸 나무 같은 아이들

도시에서 살다가 어느 날 갑자기 시골로 내려가 시골살이를 하는 친구가 있다. 아이들 교육은 홈스쿨로 가르치고 알토란같이 살아가는 그 친구를 보고 처음에는 걱정하지 않을 수 없었다. 더욱이 성취 지향적인 큰 딸아이를 보면 엄마의 선택이 딸의 앞길을 막을 수도 있고 아이가 도시에 나가 더 많은 배움을 원하면 어떻게 하겠느냐며 다투기도 했다. 그러나 이런 내 마음은 기우에 지나지 않았다. 해를 거듭할수록 아이들이 건강하고 바르게 성장하는 모습을 보았기 때문이다. 자기 일은 자기가 알아서 하는 것은 물론 타인에 대한 배려와 사물에 대한 이해도는 또래 아이들과는 비교가 안 될 정도로 뛰어났다.

또 한 친구 역시 온 세계가 비좁다 할 정도로 돌아다니다가 산골 마을에서 아예 결혼식 올리고 아들 낳고 살아가고 있다. 얼마 전 이 친구가 남편의 전시회 때문에 잠시 서울에 올라와 만나게 되었다. 오랜만에 보는 친구도 반가웠지만 무엇보다 놀라웠던 것은 아들의 사회성이었다.

난생 처음 보는 사람들 앞에서 스스럼없이 행동하고 자신보다 배는 더 큰 아이들과 한데 어울려 노는 모습을 보고 모두 감탄하지 않을 수 없었다. 대부분의 도시 아이들은 엄마 아빠에게 매달려 있거나 통제가 안 될 정도로 정신없이 뛰어다니기 때문이다. 이 두 친구의 아이들에게는 한결같은 공통점이 있었다.

자신이 무엇을 원하는지 정확하게 말하고 그것이 이루어지든 안 이루어지든 내려진 결정에 대해 상대방의 의견을 존중할 줄 안다는 것이다. 난 이 두 친구와 아이들을 보며, 어떻게 사는 것이 행복한 것일까 고민하지 않을 수 없었다.

사람이 일을 하든 꿈을 향해 달리든 바라는 결과는 행복이다. 그렇다면 어떻게 사는 것이 행복하게 사는 것일까?

그 해답이 이 책에 나와 있다. "자기가 생각하고 자기가 선택하는 삶", 이것이야말로 산촌 유학의 핵심이요, 행복의 결정체가 아닐까 생각한다. 우리가 흔히 행복의 기준으로 삼는 좋은 집안에서 태어나 일류대 나와서 사회적으로 성공한 삶이 반드시 행복한 삶이라고는 할 수 없듯이 자연과 더불어 산다 해서 무조건 행복한 삶이라고는 할 수 없다. 중요한 것은 그것이 어떤 삶이건 간에 스스로 생각하고 선택해서 열정을 다해 살아가는 삶일 것이다.

우리는 태어나서 죽는 순간까지 매순간 선택의 기로에 선다. 하지만 자아를 갖기 시작한 이후 자신의 선택을 스스로 생각하고 선택하는 삶을 살아가는 사람은 그리 많지 않다. 대부분의 결정이 부모에 의해, 교사에 의해, 주변 사람에 의해, 크건 작건 타인에 의해 좌우되기 때문이다.

산촌 유학 아이들이 스스로 건강한 삶을 살아갈 수 있었던 것은 끊임없이 변화하는 자연의 품속에서 수많은 생명체들과 더불어 살아가는 법을 배우고 익혔기 때문이 아닐까 생각된다. 이 책을 번역하면서 아이들 하나하나가 우뚝 서 있는 한 그루 나무 같다는 생각이 들었다. 이 책에는 자연이 키워 낸 우뚝 서 있는 나무 같은 아이들과 그 부모들, 그리고 산촌 유학을 진행하는 여러 선생님들의 교육에 대한 새로운 시각이 섬세하게 그려져 있다.

독자들은 이 책을 읽는 동안 내내 잔잔한 감동을 받을 수 있을 것이다. 그리고 진짜 행복한 삶이 어떤 것일지, 존중한다는 것, 더불어 사는 삶에 대해 한번쯤 생각하게 될 것이다. 이 책은 그저 책상머리에 앉아서 쓴 것이 아니라 한 어머니가 실제로 고민하고 경험하고 발로 뛰며 쓴 것이기 때문이다.

좋은 책을 접하게 해 주신 저자와 출판사 여러분들께 감사드리며 이 책을 진정한 교육을 고민하는 많은 어머니, 아버지들에게 읽을 수 있기를 기원한다.

2008년 6월
손성애